글 양화당

햇살 좋은 사무실에서 어린이책을 기획하고 집필하는 일을 하고 있습니다.
어린이들이 재미있게 읽으면서 마음의 양식으로 삼을 수 있는 따뜻하고
영양가 있는 책을 많이 쓰고 만드는 게 꿈이랍니다. 쓴 책으로
〈K탐정의 척척척 대한민국〉 시리즈, 〈보글보글 열 단어 한국사 라면〉 시리즈,
『신비아파트 공부 귀신 1. 발명품이 사라졌다!』 등이 있습니다.

그림 미늉킴

대학에서 그림을 공부하고 일러스트레이터로 활동하고 있습니다.
그림 그리는 시간 외에는 이런저런 상상 하기를 좋아하고 이야기를 만들어 냅니다.
그린 책으로『내일 만나』,『엉뚱하지만 과학입니다 4: 우리 화성으로 이사 갈래?』,
『황당하지만 수학입니다 3: 어디가 제일 간지럽게』,『EBS 초등 어맛! 과학 탐구 어휘 맛집』,
『차이나는 클라스 1: 세상을 보는 관점을 넓히는 질문 why』 등이 있습니다.

감수 이정모

연세대학교와 같은 학교 대학원에서 생화학을 공부하고, 독일 본대학교에서
유기화학을 연구했습니다. 서대문자연사박물관장, 서울시립과학관장,
국립과천과학관장 등으로 일했고 저술과 강연 활동을 하고 있습니다.
어린이를 위한 책으로『우리는 물이야』,『나는야 초능력자 미생물』,
『과학자와 떠나는 마다가스카르 여행』 등을 썼습니다.

새콤달콤 열 단어 과학 캔디_ 4 화학

초판 1쇄 발행 2025년 1월 20일 | 초판 2쇄 발행 2025년 3월 24일
글 양화당 | 그림 미늉킴 | 감수 이정모

발행인 이봉주 | 편집장 안경숙 | 편집관리 최새롬 | 편집 이혜진 | 디자인 정진선
마케팅 정지운, 박현아, 원숙영, 김지윤, 황지영 | 제작 신홍섭
펴낸곳 (주)웅진씽크빅 | 주소 경기도 파주시 회동길 20 (우)10881
문의 전화 031)956-7440(편집), 031)956-7569, 7570(마케팅)
홈페이지 www.wjjunior.co.kr | 블로그 blog.naver.com/wj_junior
트위터 @new_wijr | 인스타그램 @woongjin_junior
출판신고 1980년 3월 29일 제406-2007-00046호 | 제조국 대한민국 | 사용연령 7세 이상

글 ⓒ 양화당, 2025 | 그림 ⓒ 미늉킴, 2025
저작권자와 맺은 특약에 따라 검인을 생략합니다.

ISBN 978-89-01-28721-8 · 978-89-01-27599-4(세트)

*잘못 만들어진 책은 바꾸어드립니다.

웅진주니어는 (주)웅진씽크빅의 유아·아동·청소년 도서 브랜드입니다. 저작권법에 의해 한국 내에서 보호를 받는 저작물이므로 무단 전재와
무단 복제를 금지하며, 이 책 내용의 전부 또는 일부를 이용하려면 반드시 저작권사와 (주)웅진씽크빅의 서면 동의를 받아야 합니다.

⚠ 주의
1. 책 모서리가 날카로워 다칠 수 있으니 사람을 향해 던지거나 떨어뜨리지 마십시오. 2. 보관 시 직사광선이나 습기 찬 곳은 피해 주십시오.

양화당 글 | 미늉킴 그림

웅진주니어

롤리폴리별은 캔디의 천국이야. 캔디만 먹으면 뭐든 할 수 있지.

오늘은 캔디 가게에 새 캔디가 들어왔어.

열 단어를 찾아서 GO, GO!

물질

물체	11
겉보기	15
원소	19
다이아몬드	23
고체	27
플라스틱	31
액체	35
기체	39
열	43
물	47

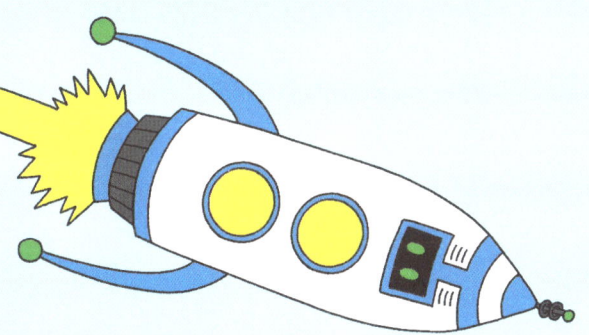

혼합물

합체	57
분리	61
체	65
물과 기름	69
녹이기 대장	73
끓는점	77
석유	81
공기	85
달리기 시합	89
도시 광산	93

화학 반응

변신	103
산소	107
환원	111
연소	115
열열 남매	119
새콤양	123
깔끔맨	127
만능 지시약	131
중화	135
화학 공장	139

3 모양이 있다.

세상은 물체로 가득 차 있어. 방에서 우리를 찾아볼래?
우린 구체적인 모양이 있고 공간을 차지해.

난 여기 있지!

찾았니?
가위, 책, 농구공, 가방, 옷장 등등 눈에 보이는 것,
손으로 만질 수 있는 것 모두 물체야.

우리를 만들려면 금속, 나무 등 재료가 필요해.
이 재료를 '물질'이라고 해.

가위는 날카로운 금속으로 만들어.

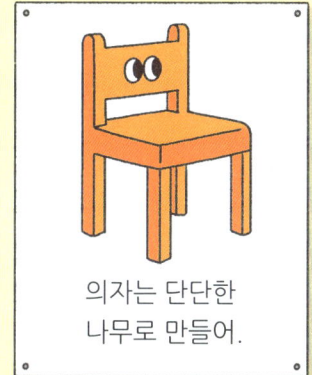
의자는 단단한 나무로 만들어.

농구공은 통통 튀는 고무로 만들어.

어항은 안이 비치는 유리로 만들어.

줄넘기는 가벼운 플라스틱으로 만들어.

모자는 질기고 가벼운 섬유로 만들어.

이렇게 물체를 이루고 있는 물질은 단단하거나
잘 휘어지는 등 각자 고유한 성질이 있어.
이걸 '물질의 특성'이라고 해.

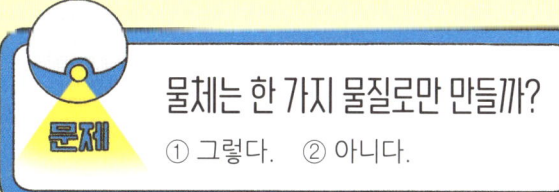

물체는 한 가지 물질로만 만들까?
① 그렇다.　② 아니다.

아니다.

4 오감

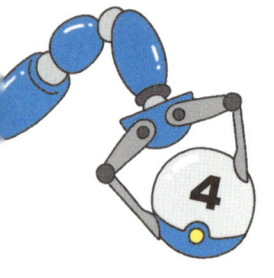

겉보기로 알 수 있는 물질의 성질은 색깔과 모양, 굳기, 냄새, 맛, 촉감 등이야. 오감 탐정을 출동시켜 물질을 찾아볼까?

오감은 시각, 후각, 미각, 청각, 촉각이라고!

미션 1. 설탕과 소금이 있어. 둘 중 어떤 게 설탕일까?

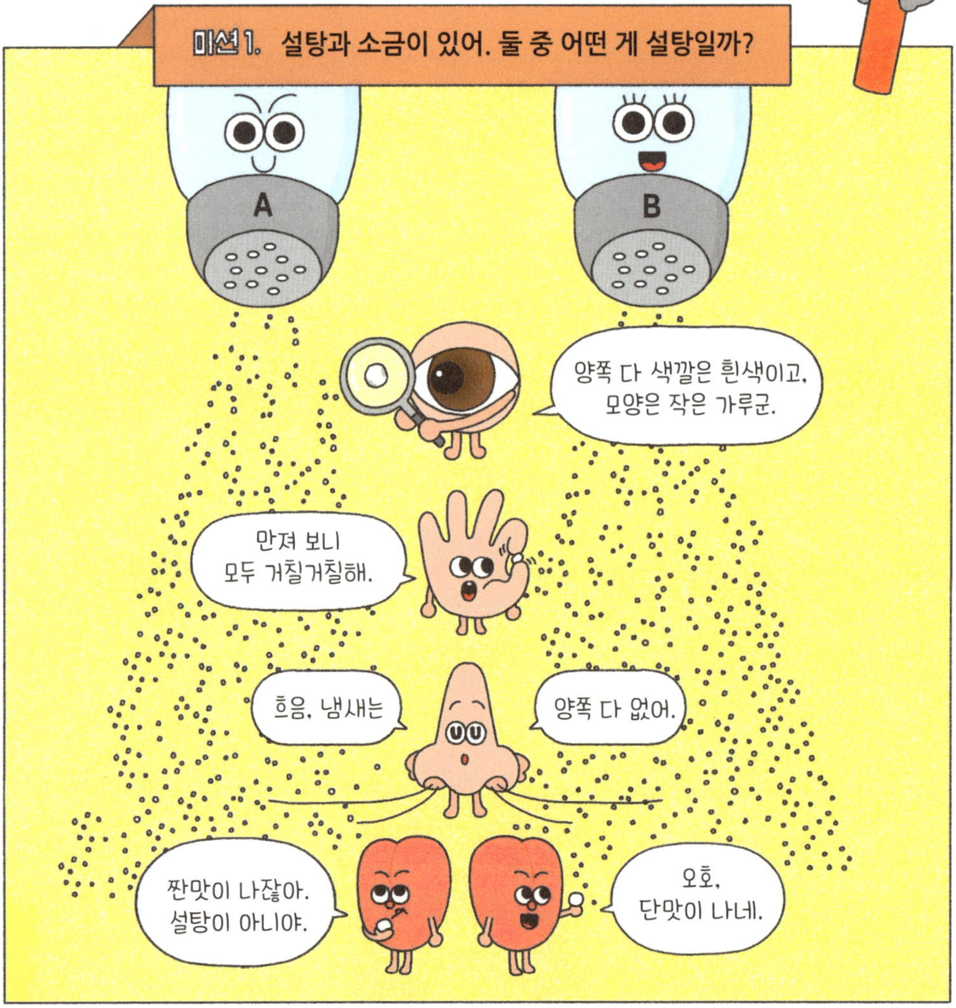

양쪽 다 색깔은 흰색이고, 모양은 작은 가루군.

만져 보니 모두 거칠거칠해.

흠, 냄새는

양쪽 다 없어.

짠맛이 나잖아. 설탕이 아니야.

오호, 단맛이 나네.

찾았다! B가 설탕이야!

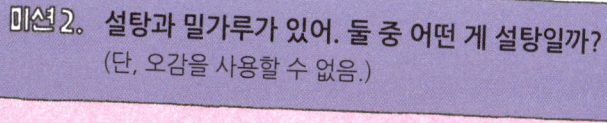

미션 2. 설탕과 밀가루가 있어. 둘 중 어떤 게 설탕일까?
(단, 오감을 사용할 수 없음.)

오감으로 구별할 수 없을 땐 물질의 고유한 성질을 이용하면 돼.
설탕은 물에 잘 녹지만, 밀가루는 잘 녹지 않아. 그럼 둘을 물에 넣어 볼까?

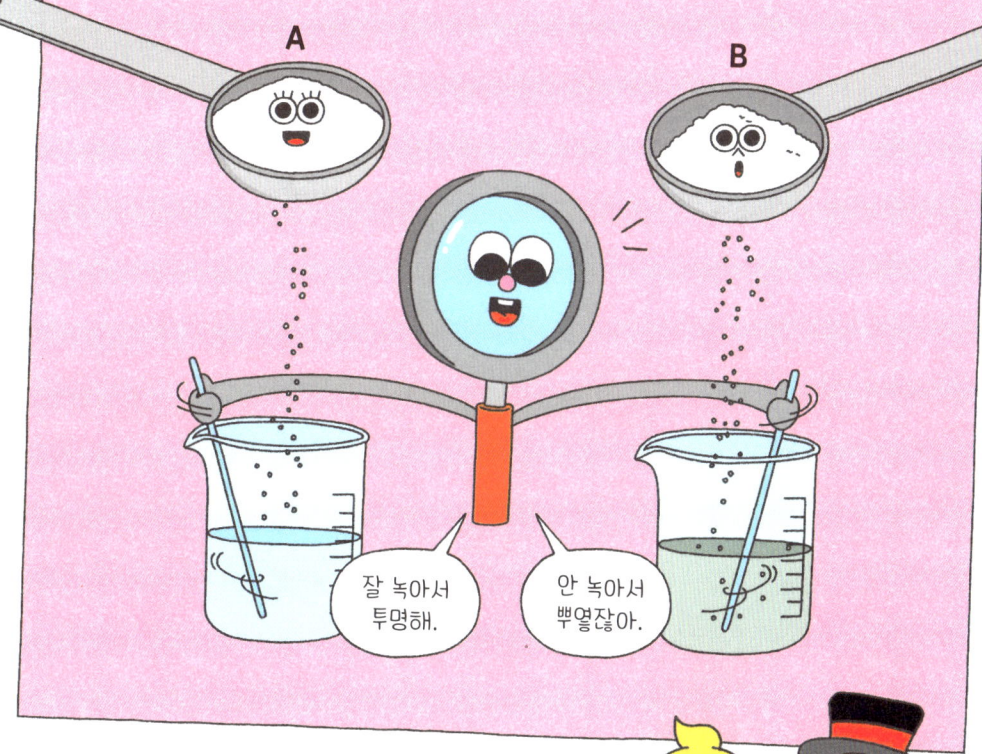

찾았다! A가 설탕이야!
이렇게 한 물질이 다른 물질에 녹아
골고루 섞이는 현상을 '용해'라고 해.
용해도 물질의 특성 중 하나야.

물질을 구별하는 방법에는 또 뭐가 있을까?
① 밀도 ② 포도 ③ 파도

밀도

미션3. 유리 공과 플라스틱 공이 있어. 어떤 게 플라스틱 공일까?
(이번에도 오감을 사용할 수 없음.)

A   B

밀도는 같은 부피에 무거운 물질이 얼마나 많이 들어 있는지를 나타내. 대체로 밀도가 높으면 무겁고, 밀도가 낮으면 가벼워. 두 공을 물에 넣어 볼까?

난 물보다 밀도가 낮아 물에 떠.

난 물보다 밀도가 높아 물에 가라앉아.

찾았다! B가 플라스틱이야. 플라스틱은 유리보다 밀도가 낮아 가볍거든. 이렇게 물질의 특성을 이용하면 서로 다른 물질을 구별할 수 있어.

# 한 가지

고대 그리스의 탈레스라는 철학자는 세상 모든 것이 한 가지 물질로 이루어졌다고 생각했어. 하지만 다른 사람들은 생각이 달랐어.

세상은 '물'로 이루어졌어요. 물을 먹고 식물이 자라고, 그 식물을 동물이 먹고, 그 동물을 우리가 먹잖아요.

아니, 네 가지 물질로 이루어졌어요. 물, 불, 흙, 공기. 이게 세상의 모든 것을 만드는 기본 물질이라고요!

아리스토텔레스

탈레스

다 틀렸습니다. 모든 것은 원자로 이루어져 있습니다.

돌턴

물질을 포개다 보면 더 이상 포갤 수 없는 아주 작은 알갱이가 남습니다. 이게 바로 '원자'인데, 우리 눈에는 보이지 않죠.

정말?

눈에 보이지 않는 걸 믿으라니, 쯧!

그럼 이 원자가 원소인가?

원자와 원소는 좀 달라.
원소가 뭔지 나무를 예로 들어 설명해 줄게.

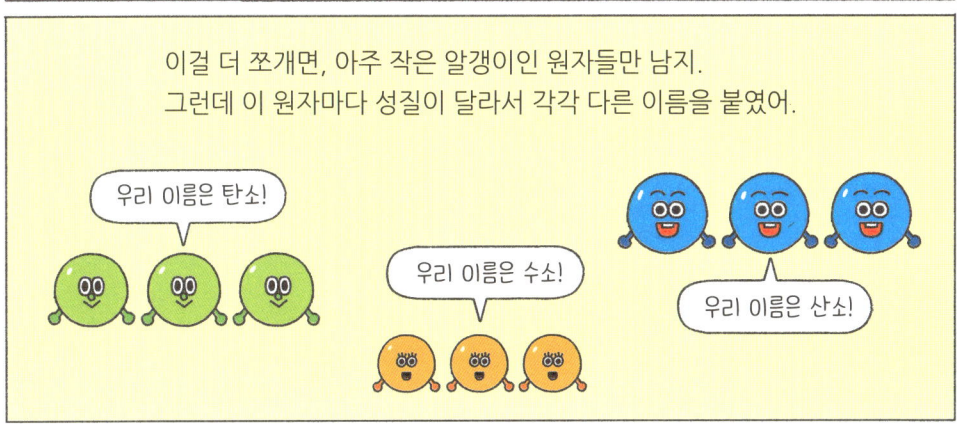

이 이름이 바로 '원소'야.
이제 원자와 원소의 차이가 뭔지 알겠지?

원소는 어떻게 나타낼까?
① 알파벳 ② 그림 ③ 노래

 # 알파벳

원소는 이름의 알파벳 첫 글자를 대문자로 써서 나타내.
이걸 '원소 기호'라고 해. 만약 같은 글자로 시작하는
원소가 있으면 한 글자를 더 붙여 쓰지. 원소 기호에도 순서가 있어.
가장 가벼운 것부터 시작하는데, 수소가 1번이야.

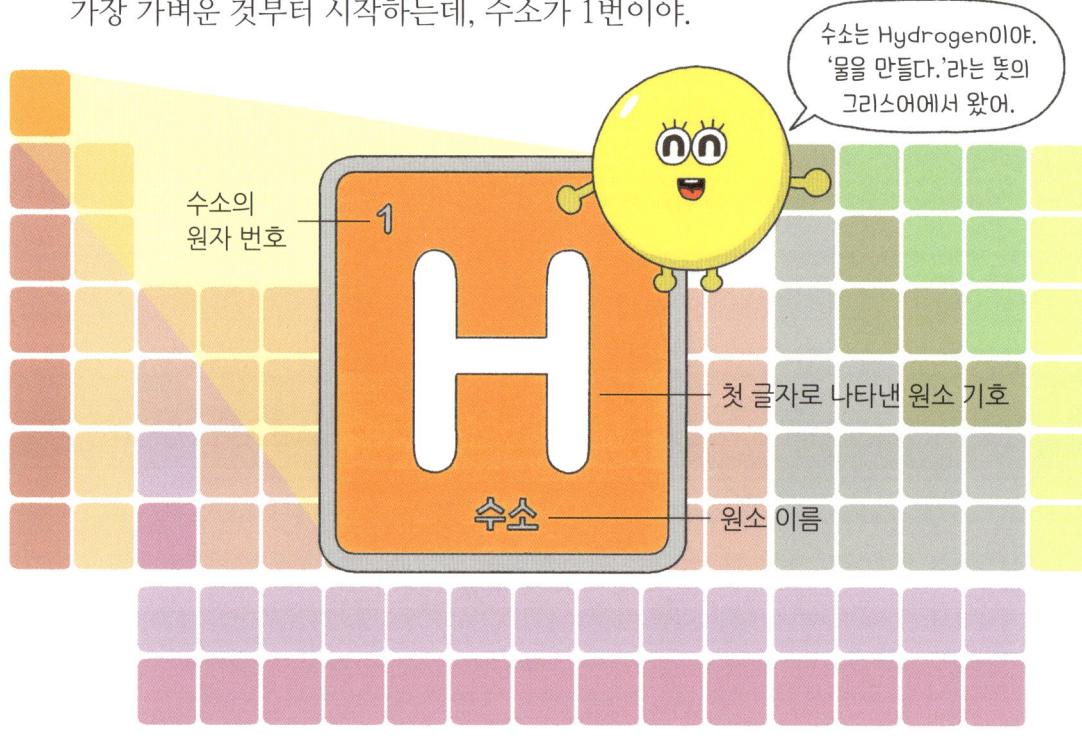

지금까지 알려진 원소의 종류는 총 118가지야.
이 원소들을 차례대로 배열한 표를 '주기율표'라고 불러.

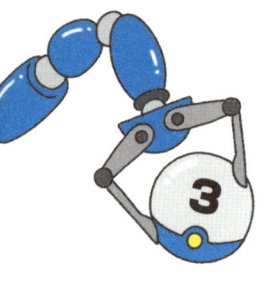

3 탄소

"난 보석 중에 최고, 다이아몬드야!
아름다운 데다 잘 깨지지 않아서
누구나 갖고 싶어 하지."

난 순수한 탄소로 이루어져 있어.
이 탄소 원자들이 서로 강하고 촘촘하게
손을 잡고 있어서 단단한 성질이 생겼지.
나는 광물 중 가장 단단해서
쇠도 자를 수 있고, 빛을 잘 통과시켜
반짝거리기 때문에 장신구에도 많이 쓰여.

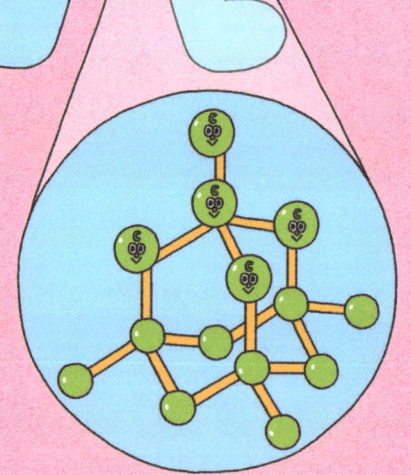

탄소 원자 하나가
최대 4개의 원자와 손을
잡고 있는 입체 모양이야.

"눈부시지?"

찰칵!

난 흑연. 나도 탄소로 이루어져 있는데 왜 너랑 달라? 난 색깔도 까맣고 잘 부스러져.

그래도 사람들에게 꼭 필요한 물질인걸.

흑연 멋져!

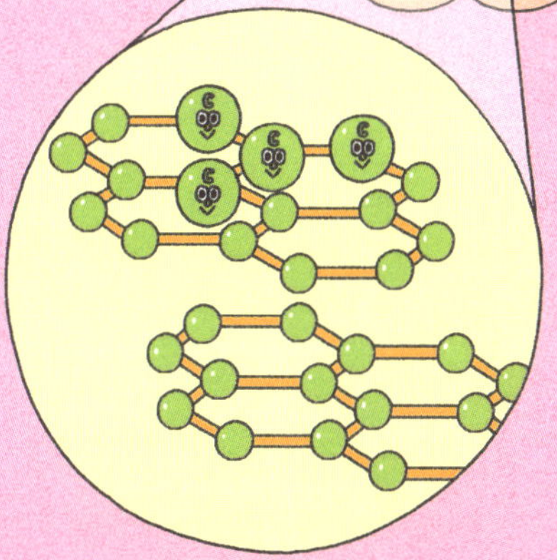

하지만 흑연은 나와 달리 탄소 원자들이 헐겁게 손을 잡고 있어서 단단하지 않고 무른 거야. 흑연은 연필심으로 흔히 쓰이고, 전기가 잘 통해 배터리의 재료로도 쓰여.

탄소 원자 하나가 최대 3개의 원자와 손을 잡고 있는 얇은 판 모양이야.

문제

나처럼 탄소가 들어 있는 물질이 있어. 어디에 있을까?
① 지구 어디에나 ② 마법의 세상에

 **지구 어디에나**

탄소는 살아 있는 생명체를 비롯해 지구 곳곳의 다양한 물질에 숨어 있어. 어디에 있는지 찾아볼까?

공기 속에도 있어.

나무 속에도 있어.

동물의 몸속에도 있어.

사람 몸의 약 18퍼센트가 탄소야.

석탄, 석유, 천연가스에도 있어.

물질의 속이 궁금하당!

여기에도 탄소가 있나?

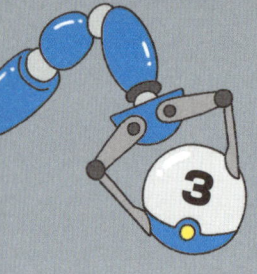

3 속이 촘촘해서

여기는 고체 클럽! 난 고체 클럽의 회장 골드바!
고체는 일정한 크기와 모양을 가진 물질이야.
우리 클럽의 회원이 되려면 담는 그릇이
바뀌어도 모양이 변하거나 흐트러지지
않아야 하지. 모양이 왜 변하지 않느냐고?
그 비밀은 바로 우리 몸속에 있어.

난 원자 여러 개가 모인 분자야. 고체 속에는 나 같은 분자가 꽉 차 있어.

고체 속 분자들은 꽉 붙어서 절대 떨어지지 않아. 그래서 모양이 안 변하지.

우리도 고체 클럽 회원이 되고 싶어!

그래? 의자 모양 그릇에 앉아 봐!

음, 나무와 돌은 모양이 변하지 않는군. 통과!

모래는 모양이 변했어. 탈락!

억울해! 날 자세히 봐. 모래알 하나하나의 크기와 모양은 변하지 않는다고!

음, 정말이네. 그럼 모래도 통과!

고체 클럽 회원이 된 걸 축하해!
클럽의 자랑거리인 금속 친구들을 소개할게.

와, 너희는 반짝반짝 빛이 나는구나.

나처럼 단단해 보이는데?

뭘 아는군. 난 골드바 친구 금반지. 금은 장신구 재료로 흔히 쓰여.

난 전기를 잘 전달하는 구리야. 전선에 많이 이용되지.

난 무겁고 단단한 철이야. 건물의 뼈대나 자동차 등의 몸체에 쓰여.

난 알루미늄. 가볍고 사람 몸에 해롭지 않아서 음료수 캔에 쓰여.

우린 이렇게 다양한 생활용품을 만드는 데 이용되는 등 아주 쓸모가 많다고! 고체 클럽 최고야!

문제 금속 중에는 사람의 건강을 해칠 수 있는 것도 있어. 뭘까?
① 반짝반짝 은 ② 거무스름한 납

2 거무스름한 납

납 때문에 건강을 해친 고대 로마 사람들의 이야기를 들어 볼래?

4 화학자의 실험실에서

내 이름은 '모양을 만들기 쉽다.'라는 뜻의 그리스어 '플라스티코스'에서 왔어. 내가 만들어진 이야기를 들어 볼래?

옛날엔 당구공을 코끼리의 엄니인 상아로 만들었어.

상아 공은 단단하고 탄성이 좋아서 잘 튕겨 나가.

그런데 지나친 사냥으로 코끼리가 줄어 상아를 구하기 힘들게 되었지.

$10,000 PRIZE

상아를 대신할 물질을 찾으면 1만 달러를 상금으로 주겠소!

많은 사람이 상아를 대신할 물질을 연구하기 시작했어.

이런 물질이 있을까?

1만 달러는 내 거!

만들기 어렵네.

오랜 시간이 흐른 뒤, 미국의 화학자 리오 핸드릭 베이클랜드도 관심을 가졌어.

여러 물질을 섞어 실험해 보자!

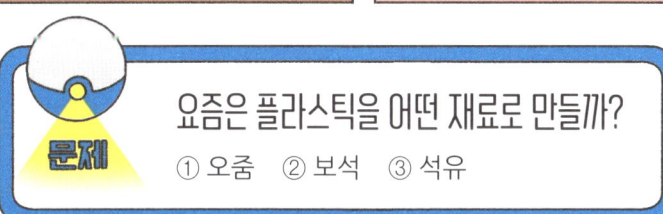

 석유

요즘에는 나를 대부분 석유에서 뽑아낸 재료로 만들어.
나는 재료를 섞는 방법에 따라 모양과 특성이 다른
다양한 물건이 돼.

나일론 가방   비닐봉지   스티로폼 박스   의료용 인공 심장

그런데 나는 아주 큰 단점이 있어.
땅에 묻어도 썩지 않아서 쓰레기를 처리하기 어렵거든.
그래서 최근에는 옥수수 같은 식물을 이용해
썩는 플라스틱을 만들기 시작했어.

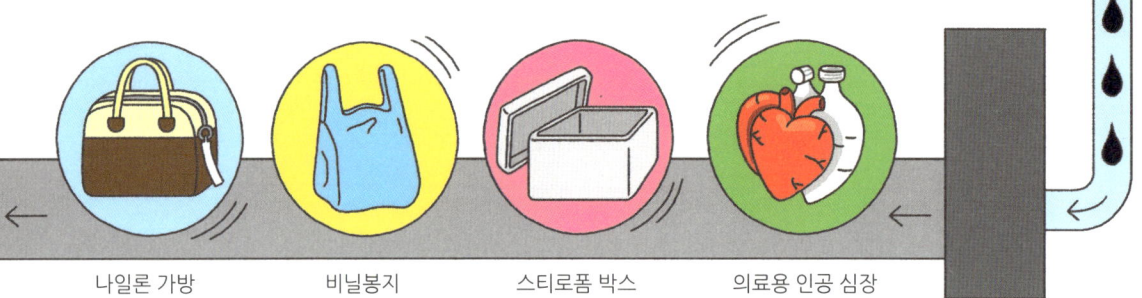

물질은 편리하지만 위험하당!

으악, 너무 많아!

이러다 플라스틱 산이 생기겠어.

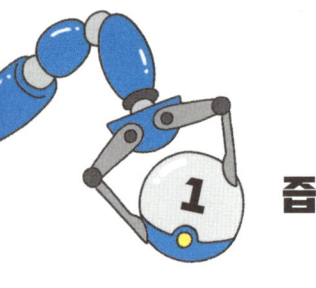# 1 즙

과일을 짜면 나오는 즙, 시내를 흐르는 물은 모두 액체야.
우린 정해진 모양이 없이 주르륵 잘 흐르는 게 특징이지.
그래서 담는 그릇에 따라 모양이 쉽게 바뀌지만,
무게나 부피는 변하지 않아.
우리가 마음대로 변하는 비결은 속에 있어.

우린 액체 속의 분자.
서로 당기는 힘이 느슨해.

가까워졌다 멀어졌다
마음대로 할 수 있지.
그래서 모양이 변하는 거야.

모양이 달라도 부피는
모두 200밀리리터로 같아.

200밀리터   200밀리터   200밀리터

우리를 구분하는 가장 쉬운 방법은 색깔과 냄새야.
하지만 냄새를 맡으면 위험한 액체도 있으니 조심해야 해!
우린 종류에 따라 밀도도 달라.
밀도가 다를 때는 위아래로 나뉘어 층을 이루지.
이런 성질을 이용해 층층으로 나뉘는 주스 탑을 만들 수 있어.

말랑말랑한 슬라임

액체에 여러 물질을 섞으면 걸쭉한 상태로 변하기도 해.
이런 성질을 이용해 말랑말랑한 슬라임을 만들어 볼까?

따듯한 물인 액체에 물풀, 베이킹 소다 등을 넣어.

잘 섞이도록 100번쯤 저으면 걸쭉한 상태의 슬라임 완성!

원하는 색깔의 식용 색소를 넣으면 다양한 색깔의 슬라임이 돼.

슬라임은 액체처럼 흘러서 다루기 쉬워. 꽃, 인형 등 다양한 모양을 만들 수 있어.

하지만 힘을 주어 주무르거나 굴리면 고체처럼 딱딱하게 변해.

난 고체이지만 액체의 특성도 지니고 있어.

물질은 흐른당!

롤리폴리별 만들어야지.

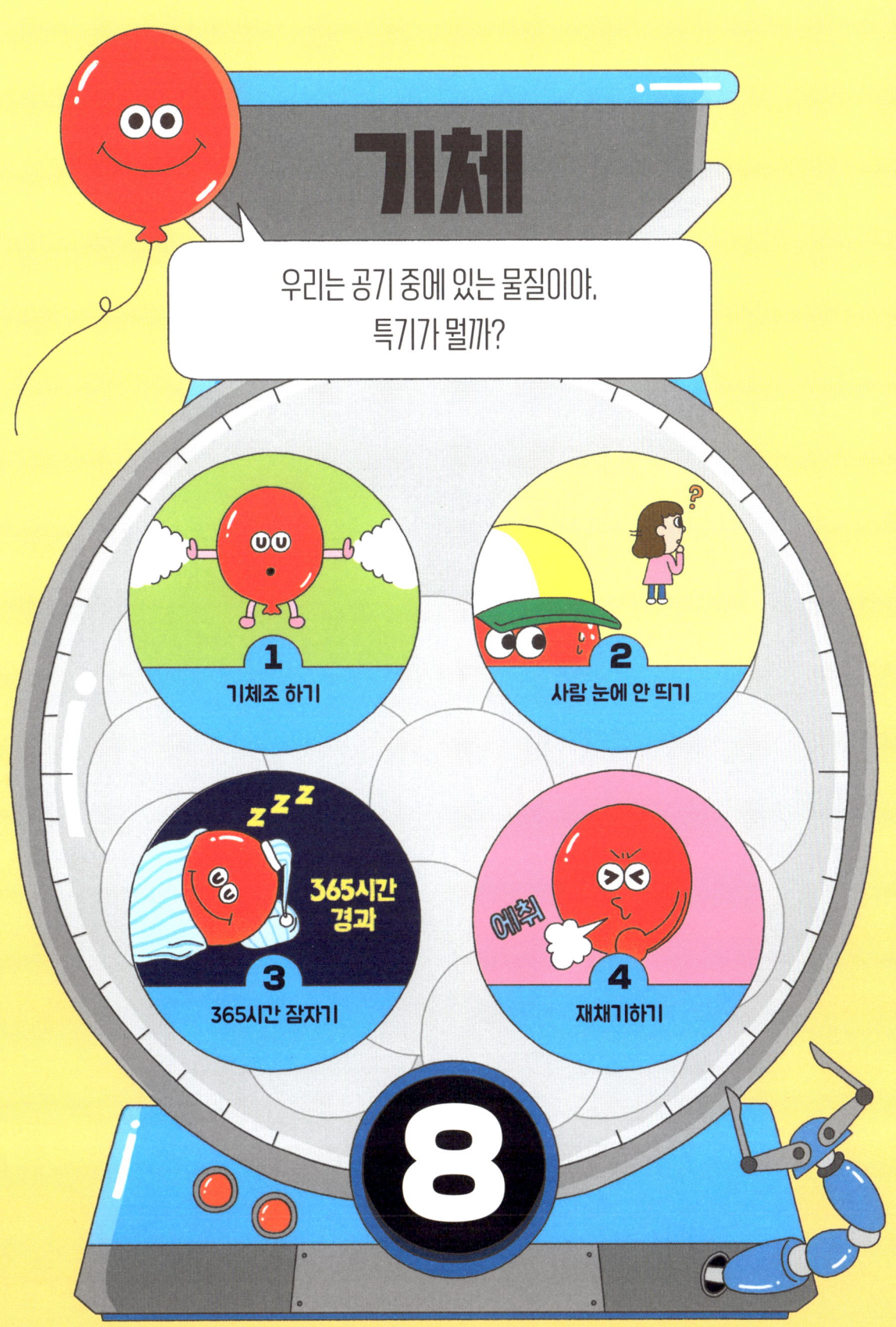

2 사람 눈에 안 띄기

우린 눈으로 볼 수 없고 만질 수도 없어.
하지만 언제나 너희 곁에 있지.
우리가 어디에 있는지 알려 줄까?

난 너희가 숨 쉴 때마다 들이마시는 산소야. 대부분의 기체는 나처럼 냄새도 맛도 없어서 잘 알기 어려워.

과자 봉지 안에 있는 질소야. 난 음식이 상하는 걸 막아 주지. 특히 봉지 안에 날 가득 채우면 부피가 생겨서 외부 충격에도 과자가 부스러지지 않아.

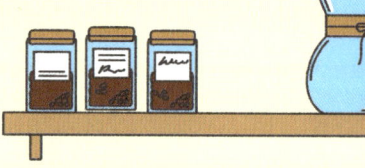

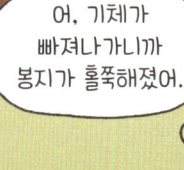

어, 기체가 빠져나가니까 봉지가 홀쭉해졌어.

1 혼자 다니는 걸 좋아한다.

고체나 액체와 달리 기체 속 분자들은 서로 떨어져서 혼자 다니는 걸 좋아해.

"우린 기체 속에 있을 때 서로 끌어당기는 힘이 거의 없어."

"그래서 활발하게 움직일 수 있지!"

기체 속 분자들은 온도가 낮으면 더 적게 움직이고, 온도가 높으면 더 활발히 움직여.

"온도가 낮으니까, 분자들 사이가 가까워졌어. 풍선이 날씬해졌네."

"온도가 높으니까, 분자들 사이가 멀어졌어. 풍선이 곧 터질 것 같아."

"물질은 하늘을 난당!"

"우리도 바람 타고 날아 보자."

"헉, 바람이 뜨거운걸."

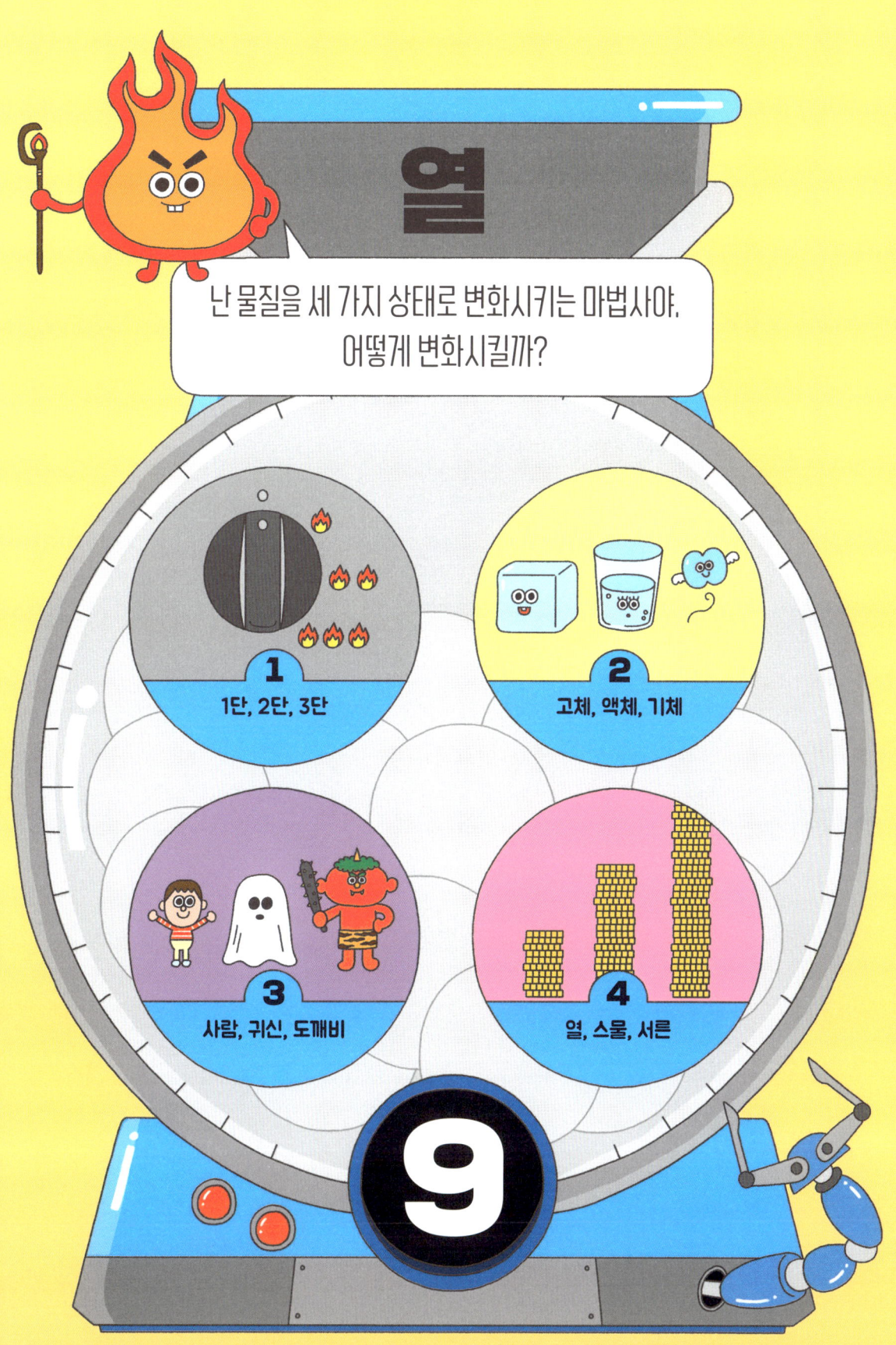

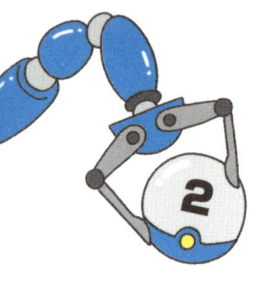

2 고체, 액체, 기체

난 뜨끈뜨끈 열이야. 물질의 상태를 변하게 하는 마법사지.
아주 단단한 물질도 날 만나면 상태가 변해.

마법사님, 마법사님, 기차 레일의 틈을 없애 주세요!

좋아! 수리수리 마수리, 흡수해라, 열!

와, 쇠로 만든 레일이 늘어나서 딱 붙었다!

마법사님, 마법사님! 날 말랑말랑한 맛있는 인절미로 만들어 주세요!

좋아! 수리수리 마수리, 흡수해라, 열!

와, 먹기 좋게 부드러워졌어. 이제 사람들이 날 좋아하겠지?

마법사님, 마법사님! 날 얼음이 아닌 완전히 다른 모습으로 만들어 주세요. 이 모습이 정말 지겹다고요!

음, 그렇다면 강력한 열이 필요하겠군.

 ## 따뜻해지라고

물질은 상태가 변하면서 주변의 온도에도 영향을 미쳐.
북극의 에스키모는 이 원리를 이용해 추운 이글루 안을 덥혀.

더운 여름날 도로에 물을 뿌리는 이유도 마찬가지야.

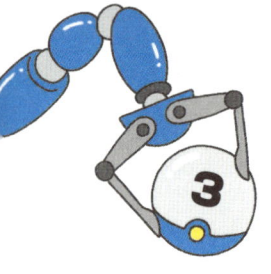

3 수소와 산소

난 사람 몸의 약 70퍼센트를 이루고 있고,
시들었던 식물도 나를 마시면 금세 생기가 돌아.

NEWS 물 인터뷰: 속 모습을 밝히다!

진짜 정체를 시원하게 밝혀 주신다고요?

그렇습니다. 난 수소 원자 2개와 산소 원자 1개로 이루어진 물 분자입니다.

H_2O

화학식으로는 H_2O(에이치투오)로 적어요. 복잡해 보이지만, 수소(H) 원자가 둘, 산소(O) 원자가 하나라는 표시죠.

아하! 정체를 알고 나니 속이 다 시원합니다. 얼마 전 물을 담아 얼린 페트병이 냉동실에서 퍽 하고 깨졌는데, 왜 그런 겁니까?

난 색도 없고 맛도 없고 냄새도 없어.
그럼 내 속 모습은 어떨까?
지금부터 나, 물의 비밀을 공개할게.

그건 내 고유한 성질 때문이에요. 다른 물질은 보통 액체에서 고체가 되면 분자 사이가 가까워져서 부피가 작아져요. 그런데 난 오히려 부피가 커지거든요.

물일 때는 분자들이 뒤엉켜 있어서 복잡해.

얼음이 되면, 분자들이 육각형 모양으로 가지런히 늘어서.

야, 부딪치잖아. 조심해.

공간이 더 넓어야겠어. 페트병 밀기 시작!

그러니까 냉동실에 넣을 때는 페트병에 물을 가득 채우지 마세요. 깨져도 책임 안 집니다.

넵! 꼭 기억할게요.

난 얼음이 되면 달라지는 게 또 있어. 뭘까?
① 더 맛있어진다.   ② 밀도가 낮아진다.

2 밀도가 낮아진다.

얼음이 되면 분자 사이의 간격이 넓어져.
그럼 같은 부피일 경우 얼음이 물보다 밀도가 낮아 가벼워지지.
그래서 바닷물 위로 빙산이 솟는 거야. 신기하지?
이처럼 세상에 있는 물질은 모두
성질이 달라. 이걸 잘 알고 이용하면,
생활이 아주 편리해질 거야.

난 얼음덩어리 빙산이다!

물질 중에 물이 최고당!

롤리폴리별에 물 가져가자.

찬성!

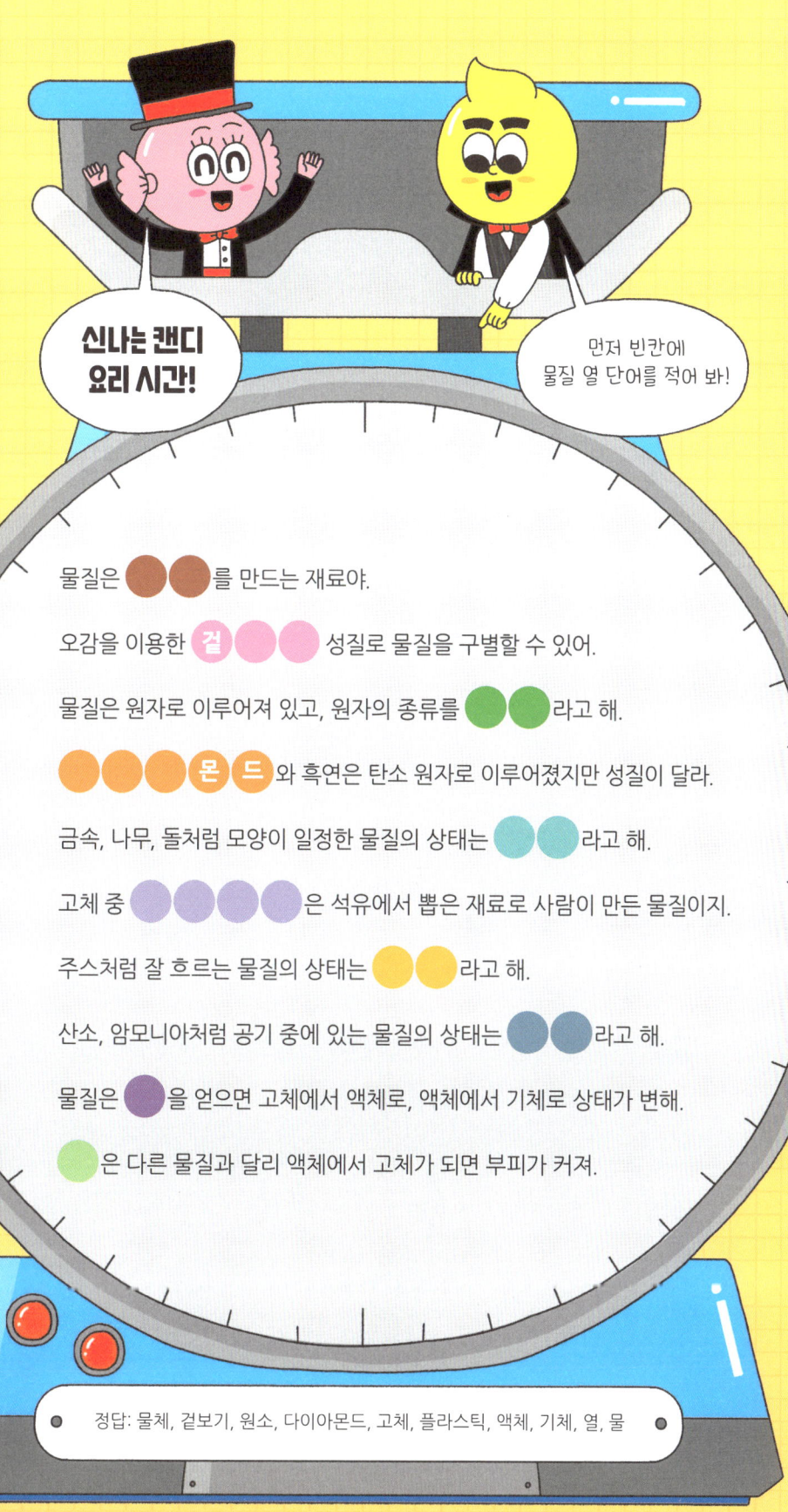

우리 주변에는 순물질보다 혼합물이 더 많아.
집 안, 집 밖 어디에서도 혼합물을 쉽게 만날 수 있어.

초콜릿은 어떤 물질이 섞인 혼합물일까?
① 사랑과 정성   ② 카카오와 설탕과 우유

 ## 2 카카오와 설탕과 우유

초콜릿은 모양만 보면 어떤 물질이 섞였는지 짐작하기 어려워.
하지만 맛을 보면 대부분 알아낼 수 있지.

맛으로 초콜릿의 재료를 짐작할 수 있는
이유는 초콜릿에 들어간 물질의 특성이
그대로 살아 있기 때문이야.
이처럼 혼합물은 하나로 섞인 뒤에도
원래 물질의 특성을 그대로 간직해.

3 필요한 물질을 얻으려고

자연에 있는 것들은 대부분 혼합물이야.
그중 필요한 물질만 빼서 쓰려면 내가 필요하지.
날 거치면 어떤 물질이 만들어지는지 길을 따라가 볼래?

나무

젖소

철광석

사탕수수

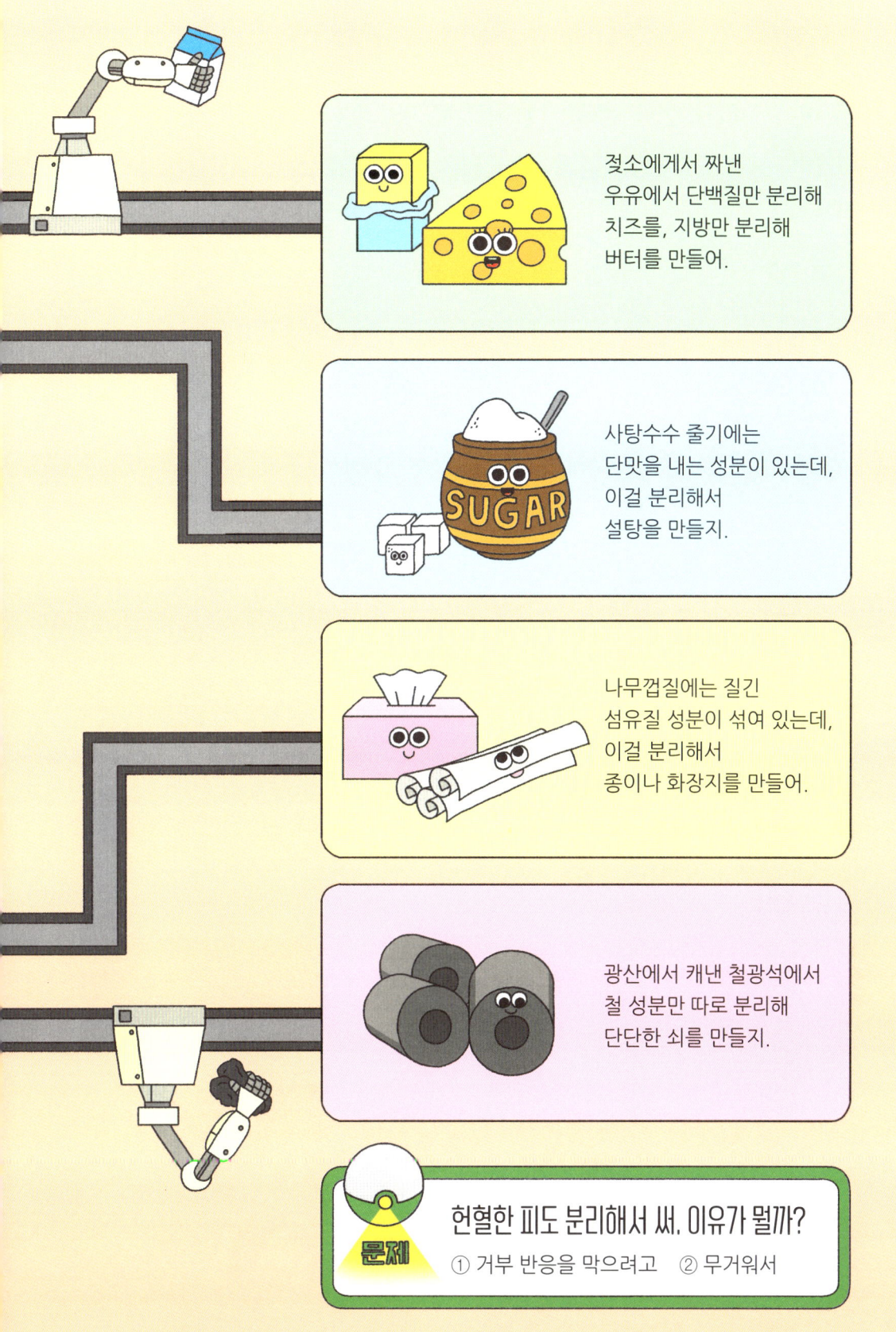

거부 반응을 막으려고

몸이 아플 때 다른 사람의 피가 필요한 경우가 있어.

무엇을 도와드릴까요?

빈혈이에요. 적혈구만 수혈해 주세요!

피는 혈장이 55퍼센트인 혼합물이야. 예전에는 이 피 전체를 수혈에 사용했지.

적혈구
백혈구
혈장
혈소판

그런데 거부 반응을 일으키는 사람이 많아서 필요한 성분만 분리하기 시작했어.

적혈구만 분리!

혈장
혈소판
적혈구

적혈구만 수혈하자, 거부 반응이 많이 줄어들어 수혈이 더 안전해졌어.

이제 좋아졌어요!

혼합물은 분리하면 쓸모 있당!

맞아, 맞아!

고기만 쏙쏙 고르네.

3 물건을 잘 골라낸다.

아랫마을에 새어머니에게 구박받으며 살던 아이가 있었어.
어느 날, 이 아이가 울며 날 찾아왔지 뭐야.

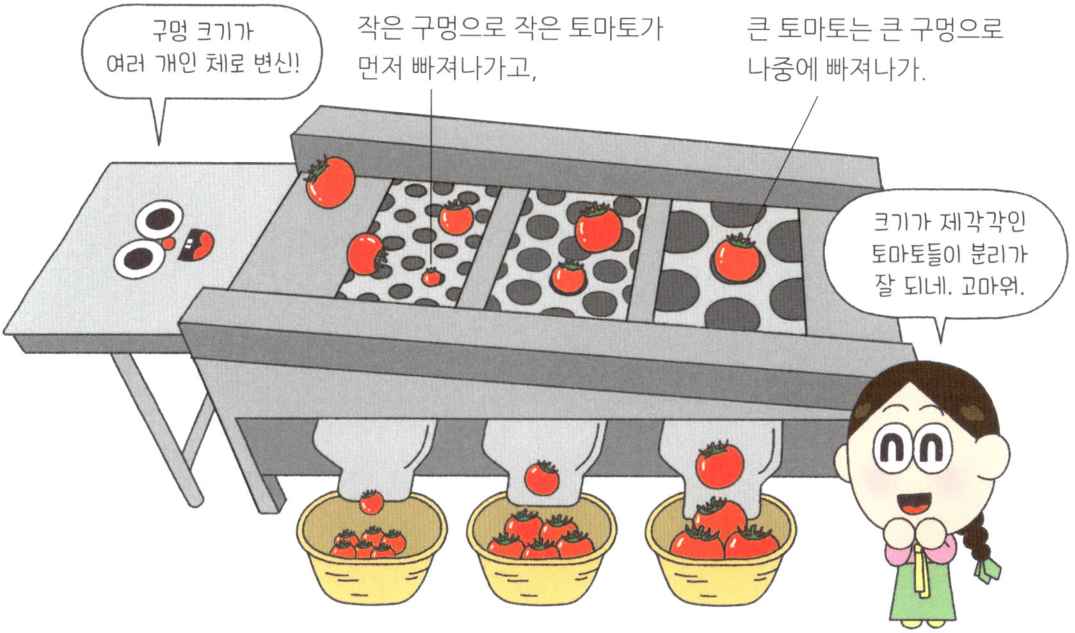

정수기

정수기는 필터를 여러 층 쌓아 물을 깨끗하게 거르는 장치야. 필터도 체의 일종이지. 이제 오염된 물을 걸러 볼까?

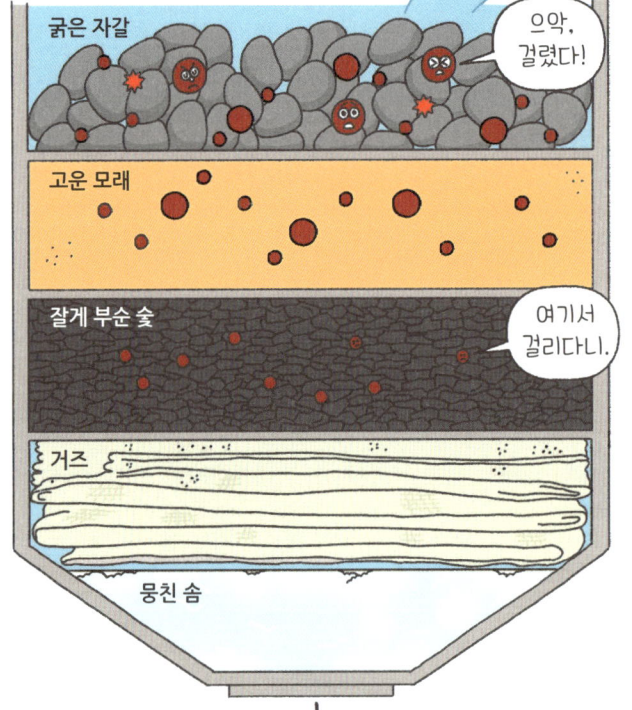

자갈, 모래 필터가 큰 오염 물질과 찌꺼기를 걸러.

숯 필터가 작은 오염 물질과 함께 냄새와 세균까지 걸러.

거즈와 뭉친 솜 필터가 위 과정을 통과하면서 나온 숯가루까지 걸러.

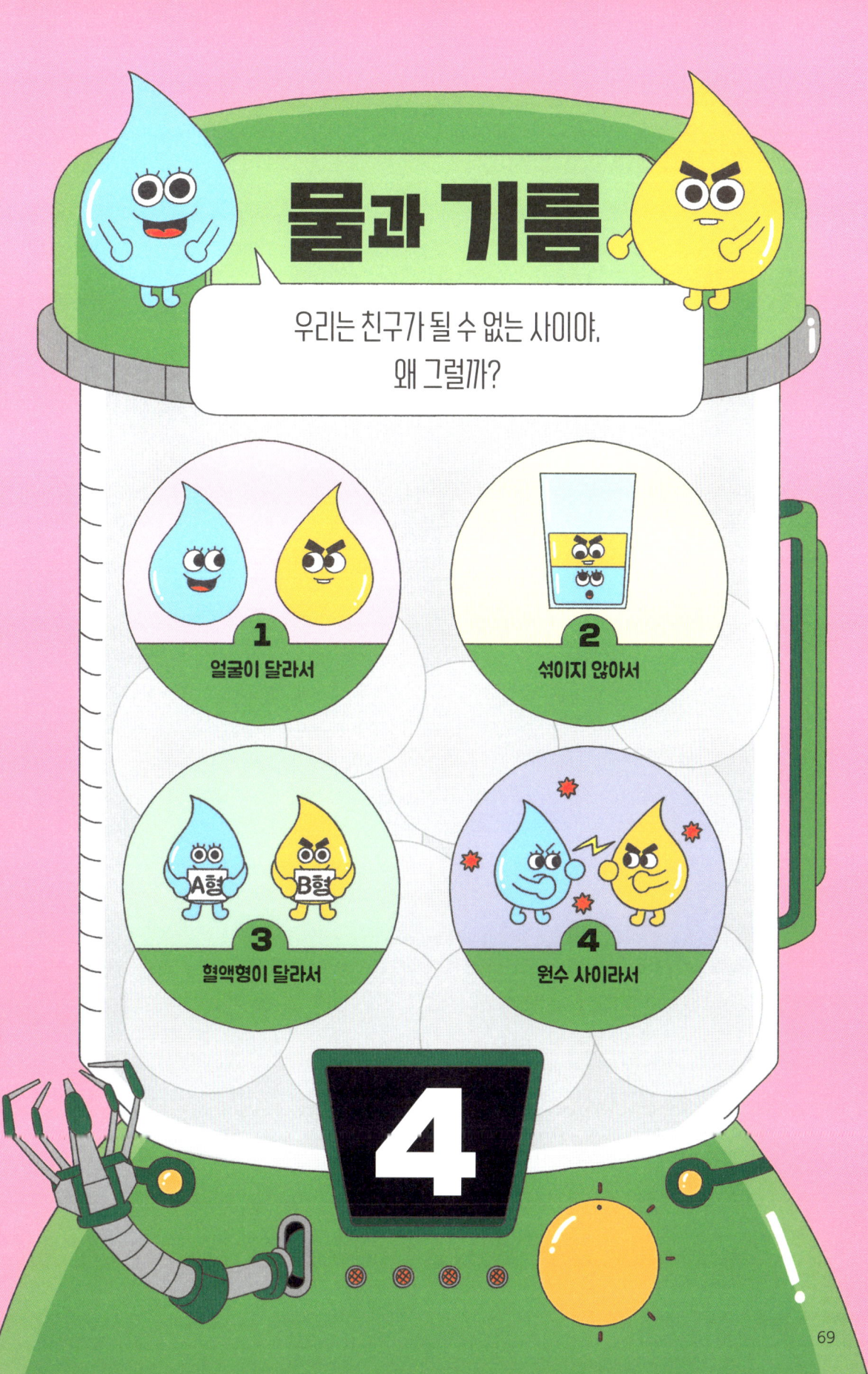

2 섞이지 않아서

바닷물의 일기

2007년 12월 7일

여긴 충청남도 태안 앞바다. 이동 중인 배가 유조선과 충돌해 기름 1만여 킬로리터가 쏟아졌다. 내 몸이 새까매졌다.

기름 때문에 여기선 못 살겠다. 이사 가자.

꼴까닥!

2007년 12월 *일

얼마 후 기름이 꿀렁꿀렁하더니 위로 떠올랐다. 바닷물과 기름이 밀도 차이 때문에 분리된 거다. 기름이 하늘을 온통 가려 답답해 죽겠다.

난 바닷물보다 밀도가 낮아서 위로 떠올라!

햇빛도 보고 좋네!

우린 답답해 죽겠다고.

3 볍씨

"봄에 뿌릴 좋은 볍씨를 골라야지."

속이 빈 볍씨와 잘 여문 볍씨는 밀도 차이가 나.
그래서 두 볍씨를 중간 밀도의 소금물에 넣으면,
속이 빈 볍씨는 가벼워서 뜨고
잘 여문 좋은 볍씨는 무거워서 가라앉아.

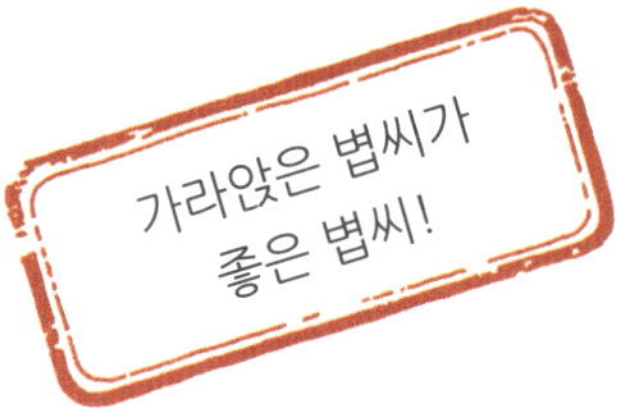

가라앉은 볍씨가 좋은 볍씨!

"수확한 곡식에서 알곡만 골라내야지."

쭉정이가 섞인 알곡을 키에 넣고 까부르면,
밀도가 낮은 쭉정이는 가벼워서 날아가고
밀도가 높은 알곡은 무거워서 키에 남아.

알곡 골라내기 성공!

"혼합물을 분리하는 방법은 여러 가지당!"

"으악! 먼지가 눈에 들어갔어."

4 액체

난 녹이기 대장, 물이야! 우리 집은 용용 하우스.
여기선 모두 날 '용매'라고 부르지.
그뿐만이 아니야. 나한테 녹는 물질은 '용질',
용질과 내가 골고루 섞이는 현상은 '용해',
다 섞이면 '용액'. 여기선 '용' 자를 다 붙여야 해.

어느 날 설탕이 찾아왔어.

이번엔 레몬즙이 찾아왔어.

 # 추출

추출은 혼합물을 용매에 담가서 분리하는 방법이야.
이 방법으로 불필요한 물질만 없앨 수도 있고,
필요한 물질만 얻을 수도 있어.

덜 익은 감을 물에 담가 두면 떫은맛을 내는 타닌 성분이 우러나.

원두를 갈아서 뜨거운 물을 부으면 씁쓸한 커피 성분이 우러나.

꽃을 에탄올에 담가 두면 향을 내는 성분이 우러나 향수가 돼.

콩을 에테르에 담가 두면 기름 성분이 우러나 콩기름이 돼.

3 불

순수한 물을 불로 팔팔 끓여 볼까?
액체인 물은 100도가 되면
기체인 수증기로 변하기 시작해.
이 온도를 '물의 끓는점'이라고 해.

그건 곤란해. 순수한 물은 끓는점이 100도를 넘지 않거든.

온도야, 계속 올라가라! 뾰로롱!

바닷물은 100도가 되어도 안 끓어.

하지만 물에 다른 물질이 섞여 있으면, 물의 끓는점이 높아져. 다른 물질이 물이 기체가 되어 날아가려는 걸 방해하거든. 그래서 순수한 물보다 더 높은 온도에서 끓어.

바닷물 속에 섞여 있는 소금 때문이지.

물의 끓는점을 이용하면,
바닷물을 물과 소금으로 분리할 수도 있어.

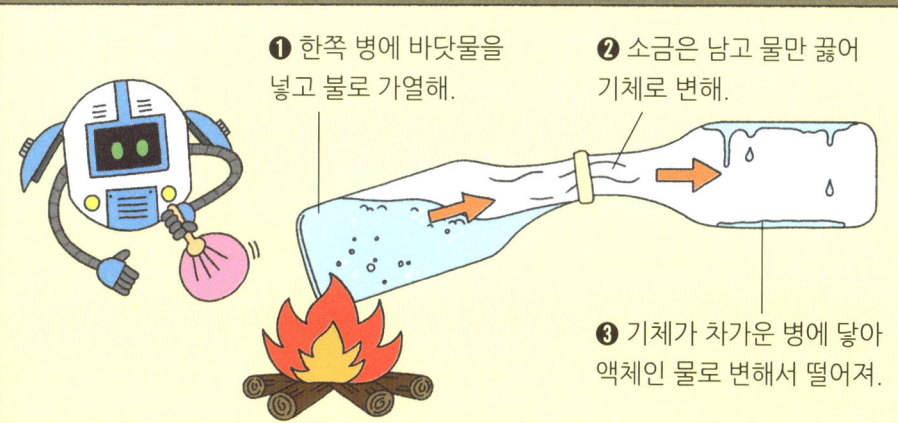

순수한 물은 0도가 되면 얼어. 이 온도는 뭐라고 부를까?
① 몽고반점   ② 어는점   ③ 애교점

 ## 어는점

순수한 물은 0도가 되면 얼어. 이 온도를 '물의 어는점'이라고 해.
반대로 얼음은 0도가 되면 녹아. 이 온도를 '물의 녹는점'이라고 하지.

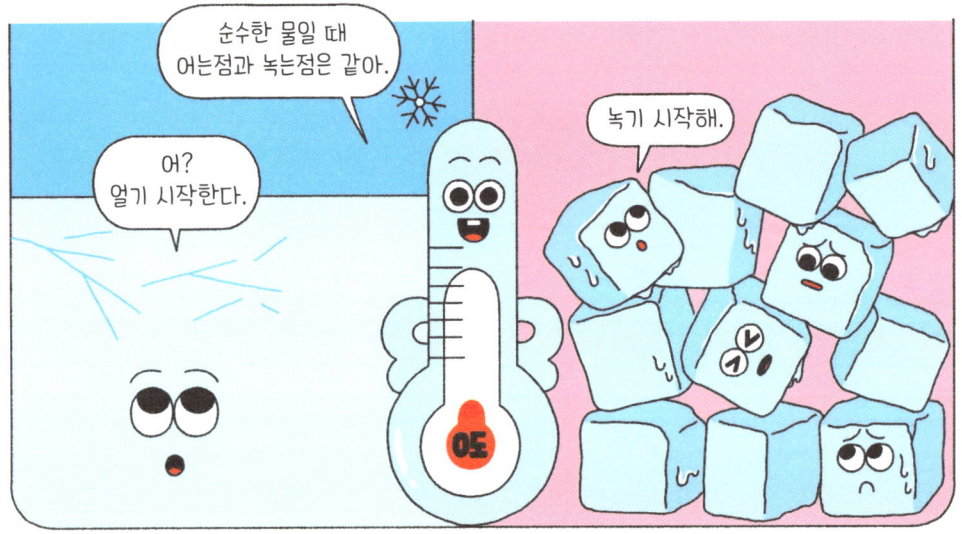

그런데 바닷물은 0도에서 얼지 않아.
바닷물은 소금을 비롯한 다양한 물질이 많이 포함된
혼합물이라서 이 물질들이 물이 어는 걸 방해하거든.
그래서 어는점이 0도보다 낮아.

3 돌에서 나는 기름

석유를 한자어로 풀면 '돌(石) + 기름(油)'이야.
땅에서 검은 기름이 흘러나온 걸 보고 지은 이름이지.
옛날에는 날 어떻게 사용했는지 이야기를 들어 볼래?

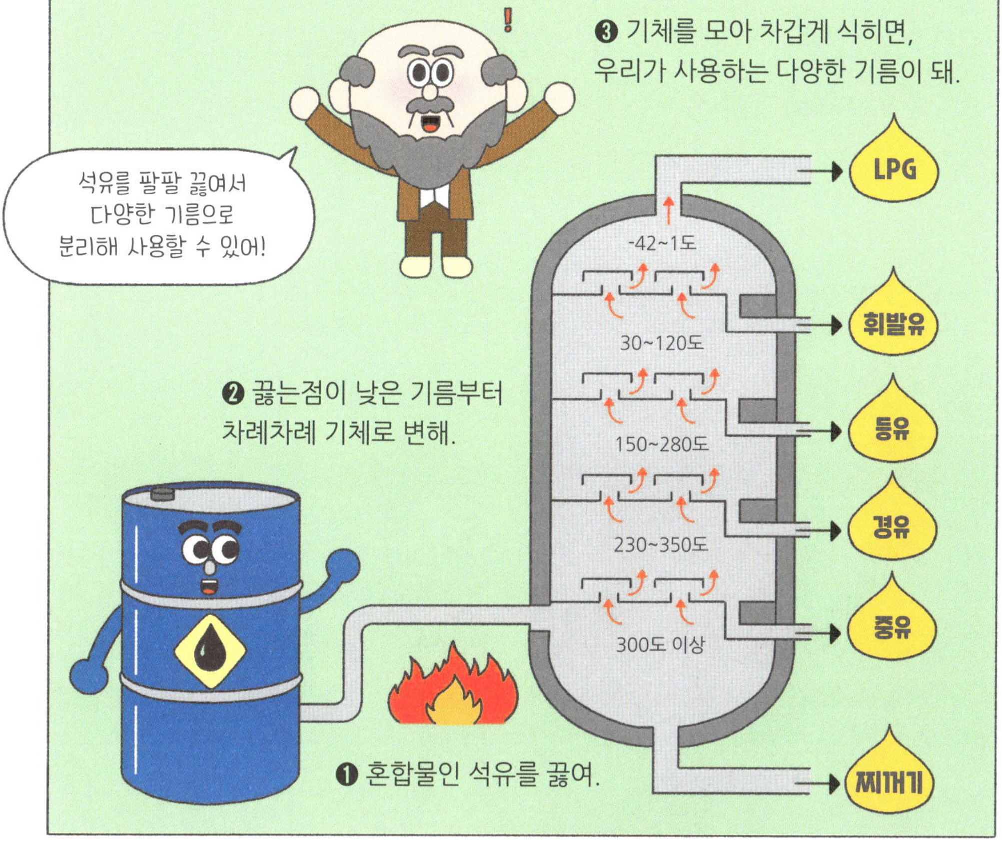

1 아스팔트 도로를 만든다.

난 찌꺼기까지도 버릴 것이 없어.
찌꺼기로 아스팔트 도로도 만들고 껌도 만들거든.
내가 얼마나 많은 곳에 이용되는지 볼래?

1 질소

공기 혼합물은 분리해서 쓰기가 아주 어려워. 그런데 공기에서 질소를 처음 분리한 사람이 나타났지. 그 이야기를 들려줄게.

19세기에 남아메리카 대륙에 간 유럽 사람들은 놀라운 걸 발견했어.

새똥이 굳어 만들어진 구아노를 비료로 쓴다고요?

이걸 뿌리면 농작물이 몇 배나 잘 자라요.

화학자들이 구아노의 비밀을 샅샅이 파헤쳤어.

구아노에는 질소 성분이 월등히 많아. 이게 식물을 잘 자라게 하는 비밀임이 분명해!

곧 유럽에 구아노 수입 열풍이 불었지.

새똥으로 돈을 버는 날이 오다니!

하지만 걱정도 있었어.

이렇게 펑펑 쓰다 보면 구아노는 곧 없어질 거야. 구아노를 대신할 게 없을까?

 ## 액체로 만든다.

공기는 끓는점보다 온도가 낮아지면, 공기 속 기체들이
하나씩 액체가 돼. 그런데 공기의 끓는점은 아주아주 낮아.
공기의 온도를 얼마나 낮춰야 액체가 될까?

이처럼 공기는 분리하기가 어렵지만,
일단 분리하고 나면 쓸모가 아주 많아.
분리한 액체 질소는 식품을 빠르게 냉동시킬 때 쓰이고,
액체 산소는 의료용 호흡기나 금속을 단련하는 데 쓰여.

4 크로마토그래피

자, 그럼 이제부터 실력을 발휘해 볼게.
사건을 해결하는 내 실력에 깜짝 놀랄걸.

사건 의뢰 1. 수성 사인펜의 정체를 알려라!

검은색 수성 사인펜은 자신이 여러 색깔을 혼합한 색이란 걸 아무도 믿지 않는다며 풀이 죽었어. 그렇다면 나에게 맡겨. 흰 여과지에 검은색 수성 사인펜으로 선을 그은 뒤, 물에 담그고 기다리면 돼.

여과지

여과지가 물을 흡수해 사인펜이 녹으면 여러 색소가 달리기를 시작할 거야.

위로 갈수록 빨리 달린 색소야.

우아, 검은색이 여러 색깔 색소로 분리됐어. 크로마토그래피는 참 대단한걸.

이제야 내 말을 믿네.

사건 의뢰 2. 누가 금지 약을 먹었을까?

육상 선수 두 사람이 서로 금지 약을 먹지 않았다고 다퉈.
그렇다면 도핑 테스트를 해 보면 되겠군.
두 선수의 오줌을 기계에 넣어서
오줌 속의 여러 물질이 달리는 시간을 재면 돼.

> 크로마토그래피로 진실을 밝히자고!

> B 선수 오줌의 3번 물질은 왜 저렇게 빨라? 저게 바로 금지 약에서 나온 물질이군.

A 선수 오줌 출발

B 선수 오줌 출발

> 거봐! 난 금지 약을 먹지 않았어.

> 윽! 들켰다.

오줌에 섞인 성분은 모든 사람이 비슷해. 그래서 아주 적은 양의 약이 섞여 있어도 일반 오줌과 비교해 바로 알아낼 수 있지.

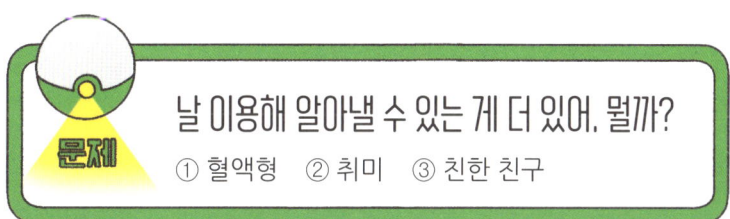

문제 날 이용해 알아낼 수 있는 게 더 있어. 뭘까?
① 혈액형 ② 취미 ③ 친한 친구

 **혈액형**

크로마토그래피가 어디에 또 이용되는지 볼까?

이처럼 혼합물을 분리하는 방법은 우리 생활에 아주 편리하게 이용되고 있단다.

도시 광산

난 전자 제품 쓰레기를 분리해서 다시 쓰는 거야. 왜 광산이라고 부를까?

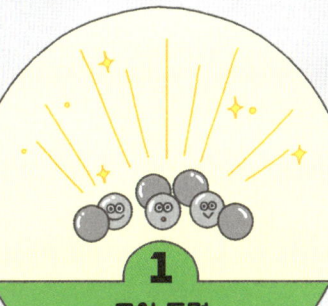

1
모아 두면 빛이 나서

2
다양한 금속이 들어 있어서

3
광부들에게 인기라서

4
산 주인이 '광'씨라서

2 다양한 금속이 들어 있어서

전자 제품은 플라스틱과 금속 등으로 만든 혼합물이야. 특히 다양한 종류의 금속이 들어 있지. 휴대폰 속에 들어 있는 대표적인 금속 몇 가지를 살짝 알려 줄게.

지금부터 금속들을 캐 볼까?

전류를 저장하는 장치에 쓰이는 **탄탈럼**

전선 등 다양한 곳에 쓰이는 **구리**

휴대폰 속에 정말 금도 들어 있어?

진동 기능 부품에 쓰이는 **텅스텐**

인쇄 회로 기판에 쓰이는 **금**

케이스에 쓰이는 **알루미늄**

만약 전자 제품을 쓰레기로 버려 불태운다면
값비싼 금속 자원도 모두 사라져 버리겠지? 그래서
이것들을 알뜰히 다시 쓰기 위해 도시 광산이 시작되었어.
광산에서 금속을 캐듯, 전자 제품 쓰레기에서
금속을 분리하는 거야.

1단계
휴대폰의 기판 부분을 따로 모아.

2단계
우아, 녹는다!
뜨거운 열로 녹여서 액체로 만든 뒤
금속을 하나씩 분리해.

3단계
구리
텅스텐
금
분리한 물질을 모아서 재료로 가공해.

4단계
이 재료를 다시 모아
새로운 전자 제품을 만들어.

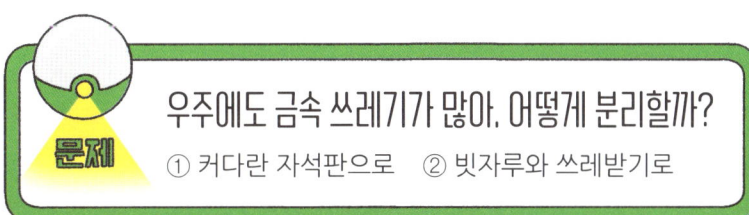

문제: 우주에도 금속 쓰레기가 많아. 어떻게 분리할까?
① 커다란 자석판으로 ② 빗자루와 쓰레받기로

 ## 커다란 자석판으로

지구 밖 우주에는 망가진 위성, 로켓 부품, 우주선 조각 등
크고 작은 쓰레기가 암석 등과 섞여 떠다니고 있어.
이 쓰레기는 인공위성을 망가뜨리고, 우주인의 생명도 위협하지.
그런데 한 인공위성 회사에서 우주 쓰레기가 대부분 금속인 것을 보고,
커다란 자석이 달린 쓰레기 수거 전용 인공위성을 쏘아 올렸어.

이 부분이 분리되어 위성 주변을 돌아다니며 자석으로 금속 쓰레기를 모아.

현재 과학자들은 우주 쓰레기를 모아
로켓 연료로 재활용하는 방법도 연구 중이야.

혼합물은 쓰레기라도 소중한 자원이당!

혼합물은 여러 방법으로 분리하고

다시 합체해서 새로운 물건도 만드네!

물질에는 순물질과 서로 다른 물질이 ●● 한 혼합물이 있어.

혼합물을 ●● 하면 필요한 물질을 얻을 수 있지.

크기가 다른 고체 물질은 구멍이 뚫린 ● 를 써서 분리해.

밀도가 다른 물과 ●● 은 섞이지 않아서 분리가 쉬워.

용액을 만들려면, ●●● 대장 인 용매가 필요해.

바닷물 용액은 ●●● 을 이용해 물과 소금으로 분리해.

검은 혼합물인 ●● 도 팔팔 끓여서, 휘발유, 등유 등으로 분리해.

크로마토그래피는 물질들의 ●●● 시합 을 이용한 분리 방법이야.

기체 혼합물인 ●● 에서 질소를 분리해 비료를 만들어 쓰지.

●●●● 에서 분리한 금속 물질은 다시 혼합물이 되어 돌고 돌아.

정답: 합체, 분리, 체, 물과 기름, 녹이기 대장, 끓는점, 석유, 달리기 시합, 공기, 도시 광산

3 화학 변화

물질이 힘이나 열을 만나면
어떻게 변신하는지 볼까?

도끼로 힘껏 나무를 내리쳤어. 빠직!
나무토막이 되어 버렸네. 하지만
나무의 단단한 성질은 달라지지 않았어.
이런 변화를 '물리 변화'라고 해.

불로 나무를 태웠어. 활활!
나무는 가루 상태의 재가 되어 단단한 성질을 잃었어.
이런 변화를 바로 나, '화학 변화'라고 하지.

가을이 되어 기온이 떨어지면, 나뭇잎을 울긋불긋 단풍이 들게 해.

온도가 높아지면, 바나나를 노랗게 익히고 단맛이 들게 해.

내가 어떤 일을 하는지 볼래?

높은 열을 쬐면, 옥수수알을 맛있는 팝콘으로 바꾸어.

딸기를 따뜻한 곳에 오래 두면, 곰팡이를 슬게 해 먹을 수 없게 만들어.

이처럼 내가 새로운 물질로 변신시키면, 원래대로 되돌릴 수 없어.
그게 물리 변화와 다른 나의 특징이야.

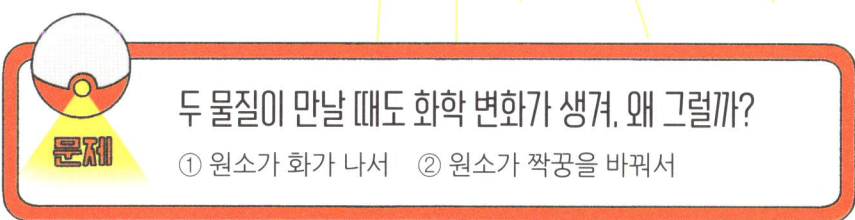

두 물질이 만날 때도 화학 변화가 생겨. 왜 그럴까?
① 원소가 화가 나서 ② 원소가 짝꿍을 바꿔서

2 원소가 짝꿍을 바꿔서

원소인 질소와 수소 두 물질이 만나서
완전히 새로운 물질이 만들어지는 모습을 볼래?

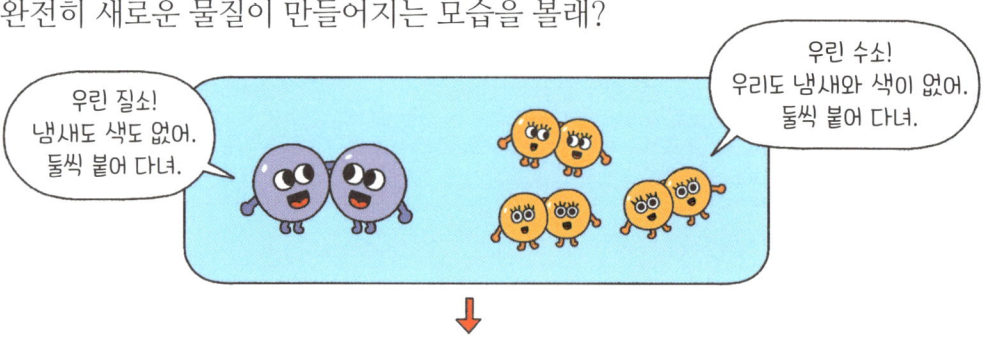

두 물질에 열을 가하면 화학 변화가 일어나는데, 이걸 '화학 반응'이라고 해.

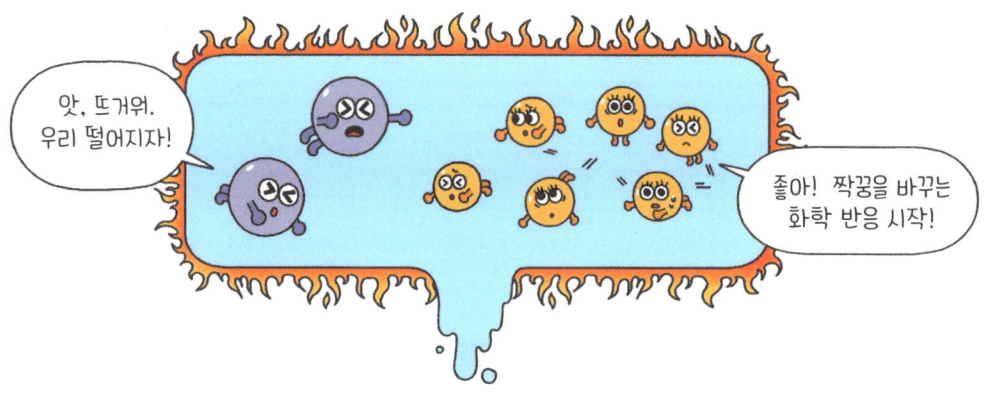

질소 하나에 수소 셋이 붙어 새로운 물질인 암모니아가 됐어.

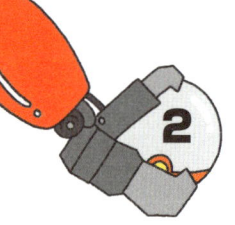

2. 성질이 변한다.

우린 물질의 성질을 변화시키는 특별한 능력이 있어.
우리, 산소의 활약상을 보여 줄게.

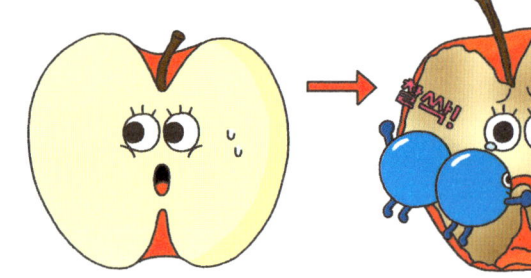

사과에 들어 있는 폴리페놀 성분이 우리를 만나 갈색을 띠는 멜라닌 색소로 변했어.

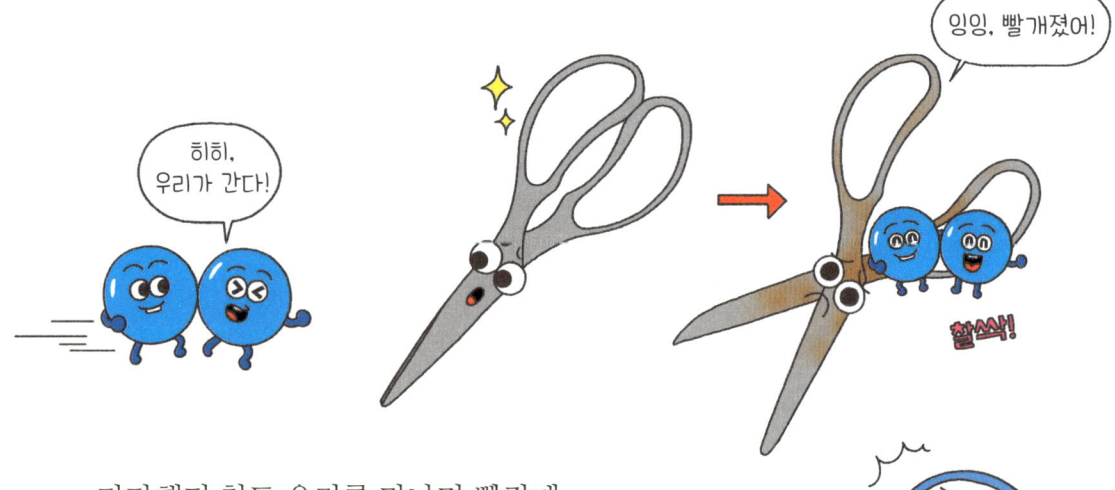

단단했던 철도 우리를 만나면 빨갛게 녹이 슬어 부스러지지. 이처럼 우리와 물질이 결합하는 걸 '산화 반응'이라고 해.
산화 반응이 일어나면 물질은 원래의 성질을 잃어버려.

산화 반응 예방 병원

사람들은 우리가 가까이 못 오도록 여러 가지 방법을 써.
깎은 사과는 밀폐 용기에 넣거나 소금물에 담가 놔.

가위는 철 표면에 기름칠을 하거나,
산화가 잘 되지 않는 다른 금속으로 얇은 막을 입혀.
그러면 색깔이 변하지 않아.

문제 우리는 사람을 돕는 약으로도 쓰여. 어떤 약일까?
① 소독약 ② 멀미약 ③ 예뻐지는 약

1 소독약

상처에 바르는 소독약 중에 과산화 수소수가 있어.
이 과산화 수소수가 피와 만나면
보글보글 거품이 일어나면서 우리가 생겨.
우리는 상처에 있는 세균에 달라붙어 세균을 없애지.

우린 불에 그을린 그림을 되살리기도 해. 그을음은 주로 탄소로 이루어져 있어. 우리가 탄소에 달라붙어 그을음만 싹 떼어 내.

4 산소 내놓기

물질에 산소가 달라붙는 걸 산화라고 했지?
반대로 물질에서 산소가 떨어져 나오는 걸 '환원'이라고 해.
고려청자를 만들 때 내가 어떤 활약을 하는지 볼래?

가마에서 꺼내면 멋진 색의 고려청자 완성!

 # 수소

물질에 수소가 달라붙으면 환원 반응이 일어나.
수소가 떨어져 나오면 산화 반응이 일어나지.
이 비법은 파마할 때 사용돼.

머리카락은 단백질로 되어 있어.

난 곧은 머리카락!

파마 약을 바르면 머리카락에 수소가 달라붙어.
수소는 머리카락 속 단백질을 끊어 부드럽게 만들어.
그때 롤을 말아 파마를 해.

수소 줄게요. 환원 반응 들어갑니다!

잘 있어!

중화제를 바르면 머리카락에서 수소가 떨어져 나와.
그럼 구불구불한 상태로 단백질이 다시 이어져서 롤을 풀어도 머리카락 모양이 유지돼.

수소 나가세요. 산화 반응 들어갑니다!

이렇게 뽀글뽀글 파마머리는 환원 반응과 산화 반응 덕분에 만들어져.

화학 반응에는 짝꿍이 있당!

내 머리 어때?

불탄 것 같아.

2막

사냥꾼은 잘 타는 나무를 골랐어.
하지만 정작 나무를 태울 불이 없지 뭐야?
"불을 피우려면 높은 온도가 필요한데…."

> 돌멩이끼리 부딪치니 열이 나고 불꽃이 튀네! 앗싸, 불붙었다!

3막

하지만 나무가 잘 타지 않았어.
속이 탄 사냥꾼은 다시 곰곰이 생각했지.
"불이 활활 일어나려면 산소가 필요해."

> 입김으로 산소를 불어 넣으니 불길이 활활! 연소 반응이 일어나는군. 덕분에 잘 익겠어!

문제 활활 일어난 불을 끄려면 어떻게 해야 할까?
① 산소를 없앤다.　② 퇴마사를 부른다.

1 산소를 없앤다.

불을 끄는 것을 '소화'라고 부르는데, 연소에 필요한 세 가지 조건 중 하나만 없애면 돼. 화재 현장에서 소화기로 불을 끄는 건 산소를 없애는 원리야.

소화기 밸브를 누르면 이산화 탄소 기체가 쏟아져 나와. 이산화 탄소가 불과 산소의 접촉을 막으면서 불이 꺼져.

화학 반응은 멋진 일을 한당!

소방 호스로 물 뿌리자!

물을 뿌려서 불을 끄는 건 높은 온도를 없애는 원리야. 온도가 낮은 물이 열을 빼앗아 가면 불이 꺼지지. 물론 처음부터 불에 잘 타지 않는 물질을 쓰면, 불도 나지 않아.

2 뜨끈뜨끈 열을 내는 것

난 물질들이 만나 열을 내는 '발열'이야. 발열 반응이 일어나면 온도가 올라가서 주변이 따뜻해져. 내가 생활 속에서 얼마나 쓸모 있는지 볼래?

손난로를 비비면 손난로 속 철가루와 산소가 만나 열을 내. 추울 땐 손난로가 최고지.

전투 식량의 고리를 당기면 봉지 속 산화 칼슘과 물이 만나 열이 나지. 이 열로 음식을 데워.

미생물이 음식물 찌꺼기를 분해하여 퇴비로 만들 때 열이 나. 이 열로 난방도 할 수 있어. 대단하지?

난 물질들이 만나 열을 흡수하는 '흡열'이야. 흡열 반응을 이용하면 주변을 시원하게 만들 수 있어. 내가 더 쓸모 있을걸.

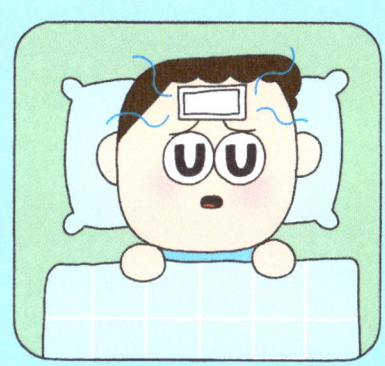

열이 너무 높으면 위험해. 해열 패치의 젤에 포함된 수분이 뜨거운 피부를 만나면 기체로 변하면서 열을 식혀 줘.

이산화 탄소 고체인 드라이아이스가 따뜻한 공기를 만나면 하얀 기체로 변하면서 주변의 열을 흡수해. 그래서 아이스크림이 녹지 않아.

냉장고도 흡열 반응 원리를 이용해. 액체 냉매가 냉장고 속 따뜻한 공기를 만나면 기체 냉매로 변하면서 열을 흡수해. 그래서 냉장고 속이 시원해져.

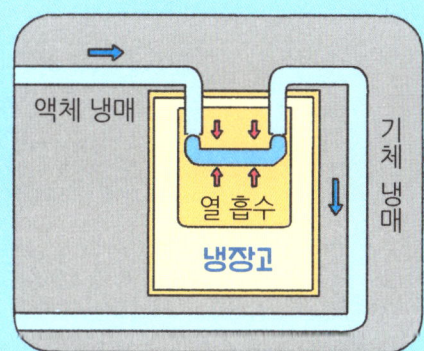

다음 중 흡열 반응을 이용해서 할 수 있는 건 뭘까?
① 코미디　② 예언　③ 요리

3 요리

흡열 반응을 이용하면 맛난 음식도 만들 수 있어.
오늘은 달고나 만드는 법을 알려 줄게!

준비물: 국자, 설탕, 베이킹 소다, 나무젓가락, 누름판, 모양 틀

"설탕은 곧 갈색으로 변할 거야."

"베이킹 소다가 열을 흡수해서 새로운 물질인 이산화 탄소를 만들어. 이때 흡열 반응이 일어나지."

❶ 국자에 설탕 2스푼을 넣고 약한 불에서 저어.

❷ 나무젓가락에 베이킹 소다를 찍어서 설탕물에 담가.

"맛있겠지?"

❸ 이산화 탄소 거품 때문에 부풀어 오른 설탕물을 평평한 곳에 부어.

❹ 누름판으로 납작하게 만든 다음, 모양 틀을 찍어 식히면 달고나 완성!

"화학 반응에선 열이 들락날락한당!"

"킁킁, 어디서 시큼한 냄새가 나는데?"

4 입속에 침이 고인다.

날 보면 새콤한 맛이 떠올라 입맛을 자극해. 그래서 입속에 반사적으로 침이 고이지. 나처럼 과일에 들어 있는 산을 '시트르산(구연산)'이라고 해. 내 친구들을 소개할게.

> 난 탄산음료에 들어 있는 탄산. 탄산음료에는 단맛을 내는 물질이 많이 들어 있어서 신맛이 잘 안 느껴져.

> 난 식초에 들어 있는 아세트산이야. 인류가 5천 년 전부터 사용한 최초의 조미료지.

> 난 위의 소화액에 들어 있는 염산이야. 음식을 소화시키고, 세균도 죽여.

제1회 신맛 정기 모임

> 와, 신맛을 내는 건 이름에 '산'이 붙었네.

우리는 다른 물질을 녹이는 놀라운 능력이 있어! 보여 줄까?

식초의 아세트산은 탄산 칼슘으로 이루어진 얇은 달걀 껍데기를 녹여.

음료수에 섞인 탄산은 탄산 칼슘으로 이루어진 딱딱한 치아도 녹여.

강한 산인 염산은 마그네슘, 알루미늄, 철 등 아주 단단한 금속도 녹여.

지하수에 섞인 탄산은 탄산 칼슘으로 이루어진 석회암을 녹여서 동굴도 만들어.

문제 비에도 산이 섞여 있어. 이 비의 이름은 뭘까?
① 산성비 ② 아이셔 비 ③ 레몬비

1 산성비

자동차나 공장에서 나오는 오염 물질이
공기 중의 수증기에 녹아 있다가
비에 섞이면 강한 산의 성질을 갖게 돼.
이 비를 '산성비'라고 불러.
산성비가 내리면 무슨 일이 벌어질까?

식물의 잎과 줄기 조직이
손상되어 시들어.

난 원각사지 십층 석탑.
산성비 때문에
유리 보호막 속에 있어.

자동차가 녹슬고,
페인트가 벗겨져서 망가져.

화강암이나 대리석으로
만든 문화유산이 훼손돼.

화학 반응은
위험할 수 있당!

에그로봇, 절대
비 맞으면 안 돼.

으이구,
여긴 실내거든.

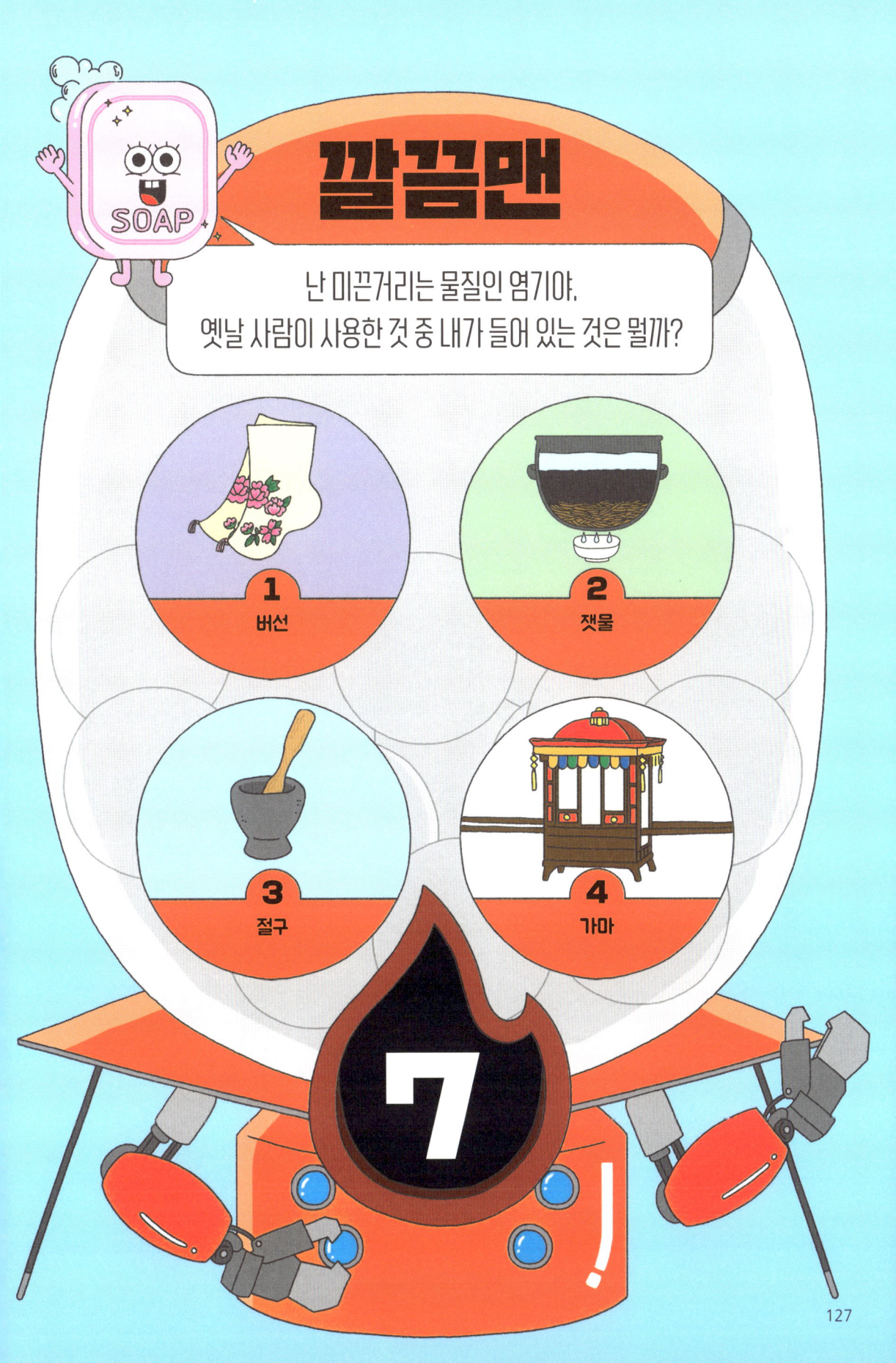

2 잿물

비누가 없던 시절, 우리 조상들은 잿물을 만들어 빨래를 했어. 잿물이 뭐냐고?

2 기름

피부나 빨래의 때에 있는 기름 성분은 세제에 들어 있는 계면 활성제를 이용해서 깨끗이 없앨 수 있어.

계면 활성제는 한쪽은 물에 친하고 다른 쪽은 기름에 친한 물질인데, 이걸 넣으면 기름에 친한 쪽이 기름때에 달라붙어.

계면 활성제

기름때

빨래

계면 활성제는 기름때를 부드럽게 만들어 피부나 빨래에서 떼어 내. 떨어진 기름때는 물에 섞여서 씻겨 나가.

빨래 끝!

화학 반응은 서로 떼어 놓는 거당!

우리는 떨어지지 말자.

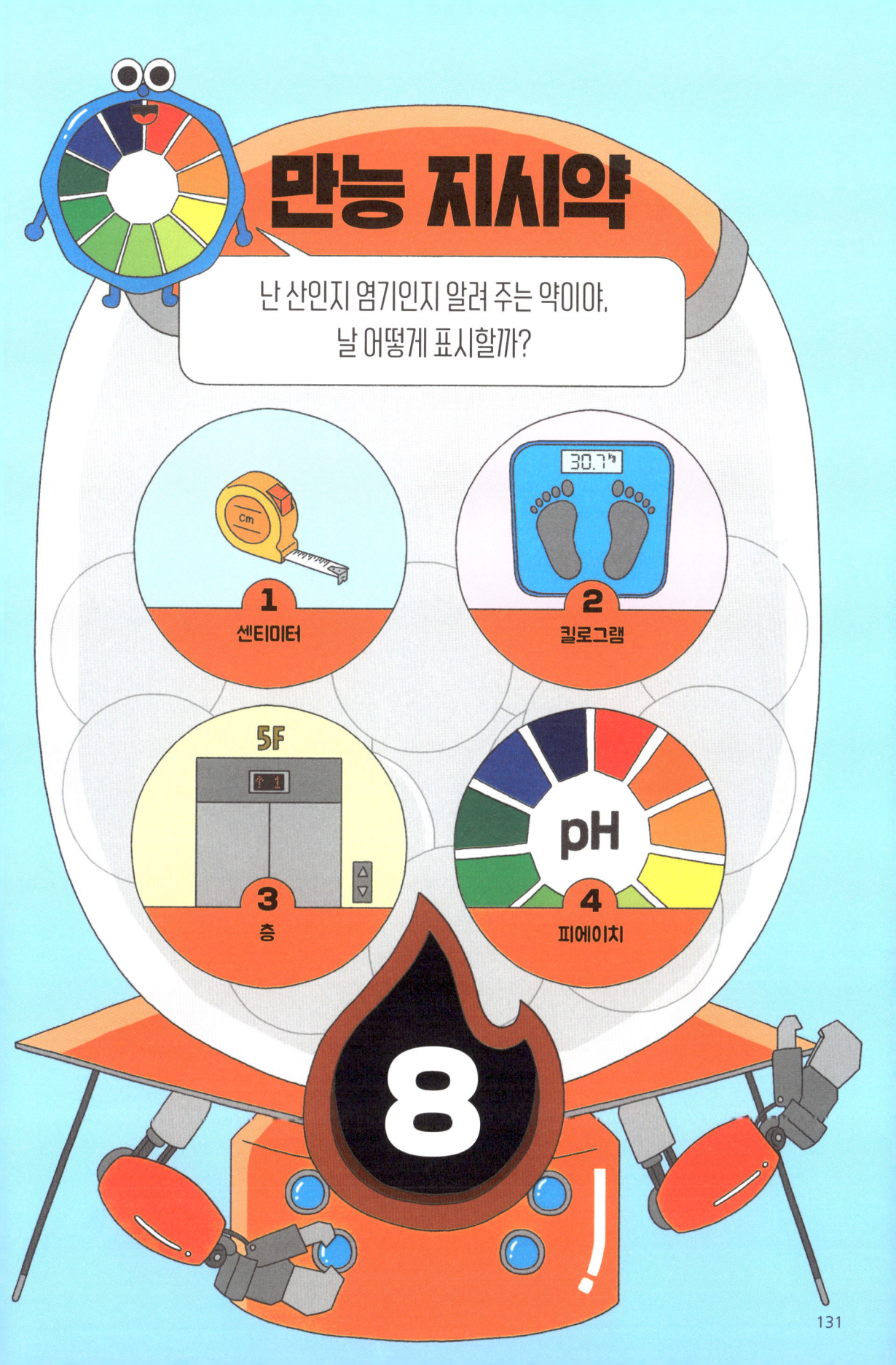

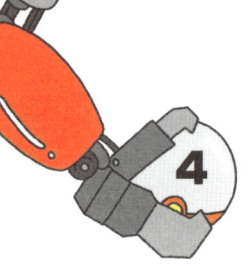

4 피에이치

염기나 강한 산은 직접 맛보면 큰일 나. 그럴 때 바로 내가 필요하지. 난 특별한 종이인데, 날 용액에 담가 보면 끝! 난 색깔이 변해 용액이 산인지 염기인지 금방 알려 줘.

한가운데인 pH7은 산도 염기도 아닌 중성 물질이야. 난 중성 물질을 만나면 초록색으로 변해.

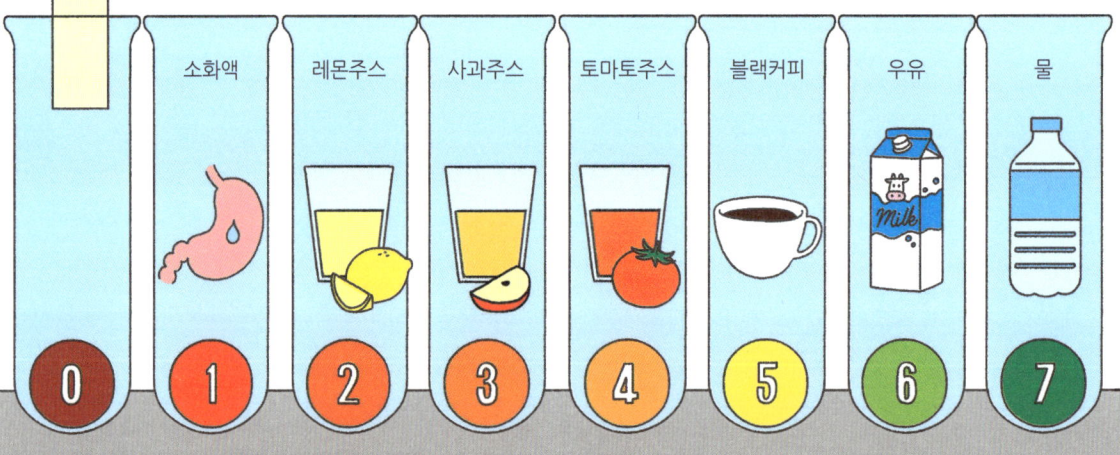

난 산의 성질을 띤 산성 물질을 만나면 붉은색으로 변해. pH가 0에 가까울수록 강한 산성 물질이야.

그래서 내 이름이 만능 지시약이야.
난 0부터 14까지 숫자로 표시하고,
pH(피에이치)로 나타내. 너희가 먹는 음식,
사용하는 세정제 등 여러 용액들의 pH를 알아볼까?

난 염기의 성질을 띤 염기성 물질을 만나면, 푸른색으로 변해.
pH가 14에 가까울수록 강한 염기성 물질이야.

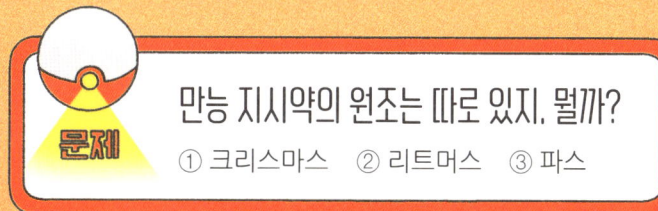

만능 지시약의 원조는 따로 있지. 뭘까?
① 크리스마스 ② 리트머스 ③ 파스

 **리트머스**

영국의 화학자 로버트 보일이 만능 지시약을 발견한 이야기를 들려줄게.

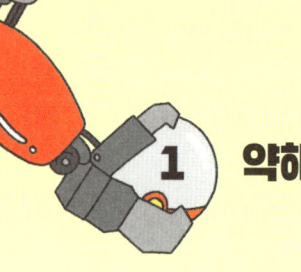

1 약해진다.

난 산과 염기의 성질을 약해지게 하는 능력이 있어.
이걸 '중화 반응'이라고 하지. 이 능력을 어디에 써 볼까?

사건 1 앗, 충치가 생겼어요!

세균이 입속에 남은 음식 찌꺼기를 먹고
산을 내보내서 이가 썩은 거야.
이럴 땐 염기성 물질인 치약 출동!

음식 찌꺼기도 없애고,
세균이 만든 산도 싹싹!

비린내를 중화시켜서
냄새 싸악!

사건 2 생선 비린내가 심해요!

미생물이 죽은 생선의 몸을 분해할 때
염기성 물질이 만들어져 비린내가 나지.
이럴 땐 산성 물질인 레몬 출동!

2 암모니아수를 바른다.

난 상처를 치료하는 능력도 있어. 어떻게 하는지 볼래?

꿀벌에 쏘였어요!

꿀벌의 침에 든 독은 산성이야.
이럴 땐 염기성 물질인
암모니아수를 발라 중화시켜야 해.
개미나 지네에 물렸을 때도 방법은 같아.
둘 다 독이 산성이거든.

노무라입깃해파리에 물렸어요. 암모니아수를 바를까요?

놉!

노무라입깃해파리의 독은 염기성이야.
이럴 땐 산성 물질인 레몬즙이나
약한 식초로 중화시켜야 해.
이처럼 산성 물질인지 염기성 물질인지
알면 독에 상처를 입어도 해결책을
쉽게 찾을 수 있어.

야호, 이제 안심하고 물놀이하자.

어휴!

화학 반응으로 목숨도 구할 수 있당!

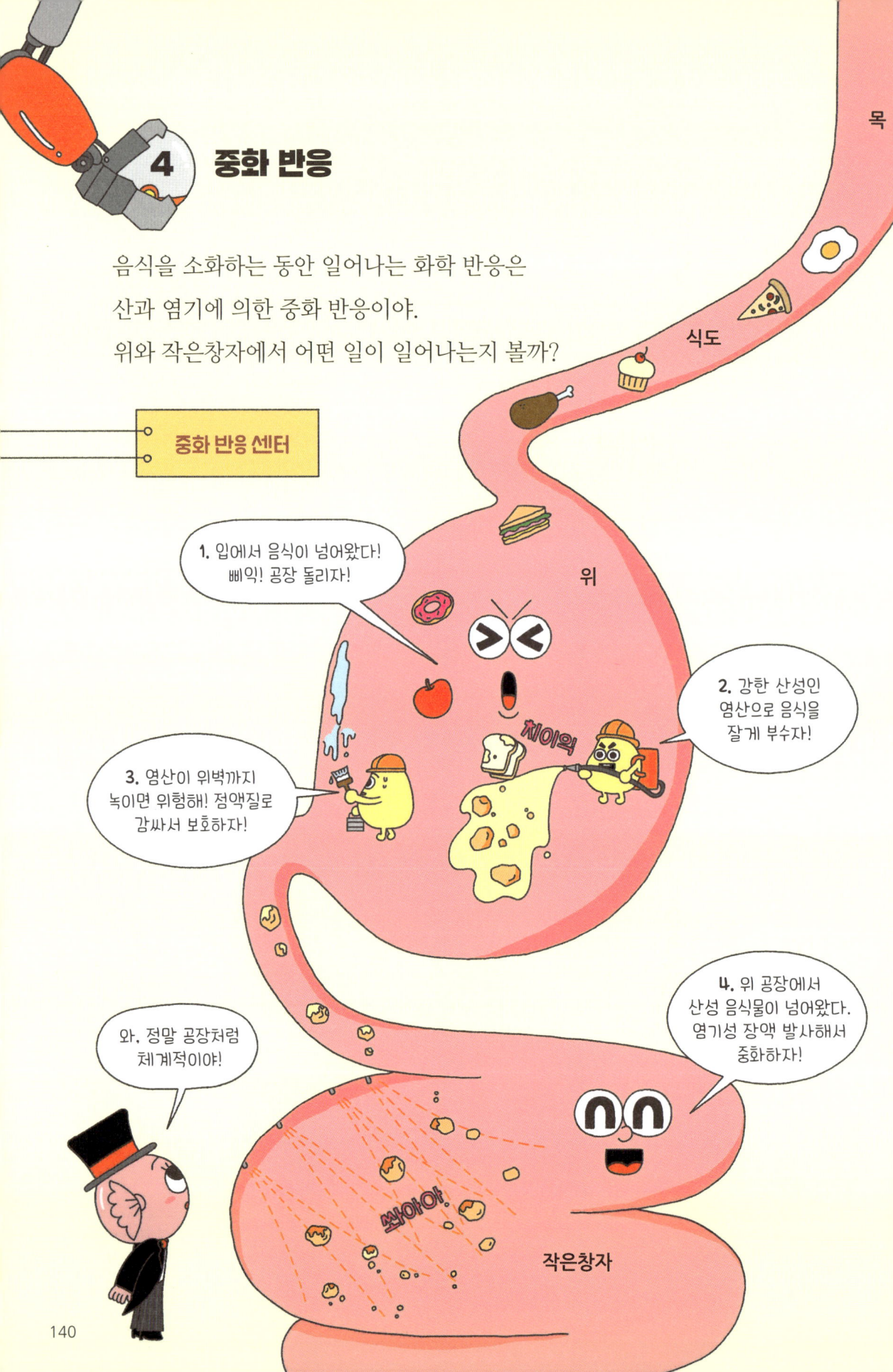

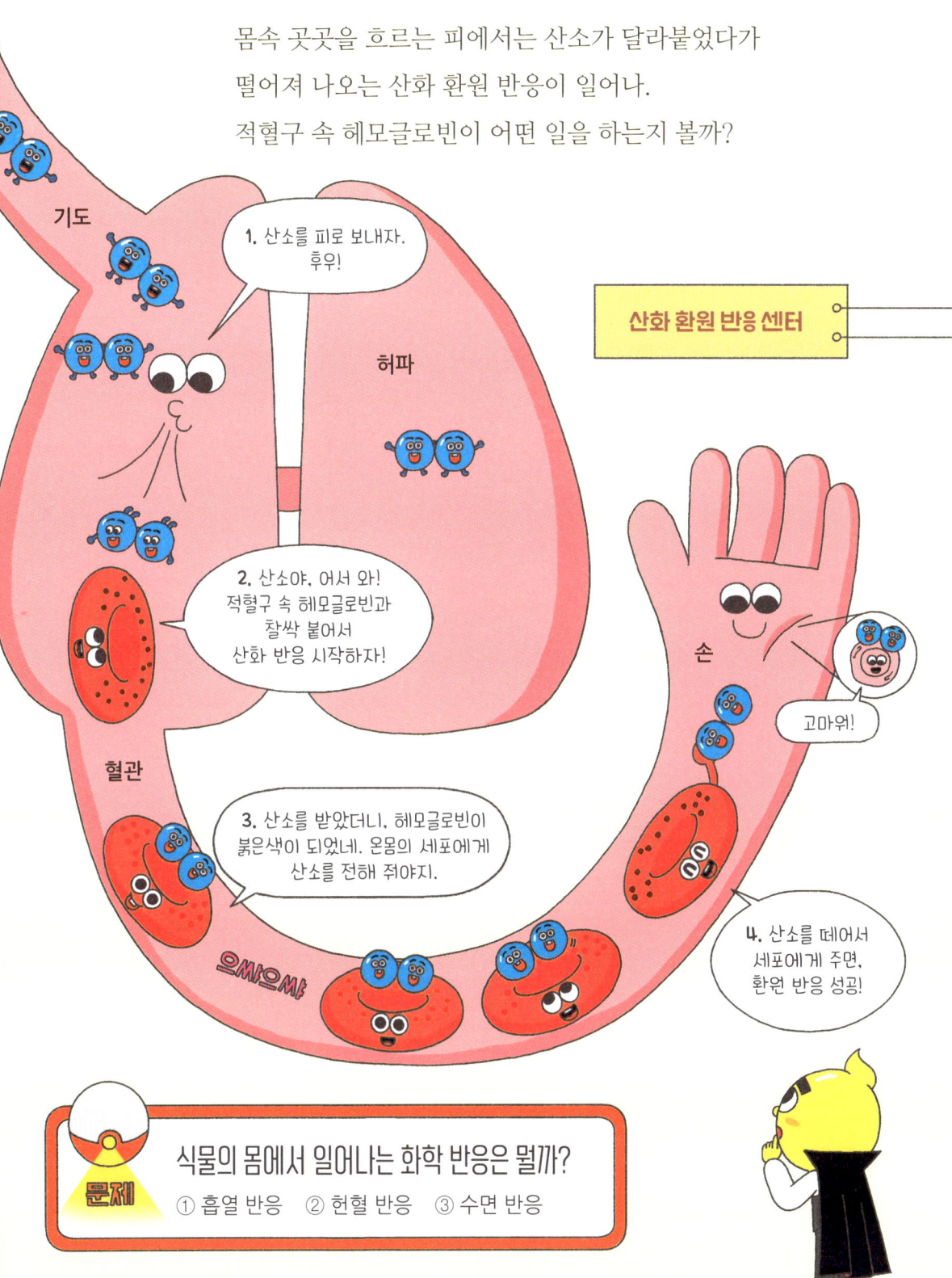

1 흡열 반응

식물이 물과 이산화 탄소를 빨아들여
포도당과 산소를 만드는 것을 '광합성'이라고 해.
이때 태양 에너지를 흡수하는 흡열 반응이 일어나지.
그래서 태양 에너지를 충분히 흡수할 수 없는
밤에는 식물이 광합성을 할 수 없어.
이처럼 생물이 사는 곳엔 어디서나
화학 반응이 일어나고 있어.

태양 에너지

물 + 이산화 탄소
포도당 + 산소

나도 화학 반응 중이야.

화학 반응은 생물에게 꼭 필요하당!

신나는 캔디 요리 시간!

먼저 빈칸에 화학 반응 열 단어를 적어 봐!

물질이 모양만 ●● 하면 물리 변화, 성질까지 ●● 하면 화학 변화야.

산화 반응은 ●● 가 달라붙어 물질의 성질을 바꾸는 거야.

반대로 산소가 물질에서 떨어져 나오면 ●● 반응이야.

물질이 활활 타는 건 ●● 반응이야.

●● 남 매 는 열을 내보내는 발열과 흡수하는 흡열 반응이지.

레몬처럼 신맛을 내는 ●● 양 은 산이라고 불러.

비누처럼 미끈거리는 ●● 맨 은 염기라고 부르지.

산인지 염기인지 알려면 만 능 ●●● 을 이용하면 돼.

산과 염기가 만나면 서로 성질이 약해지는 ●● 반응이 일어나.

사람의 몸은 다양한 화학 반응이 일어나는 ●●●● 이야.

정답: 변신, 산소, 환원, 연소, 열열 남매, 새콤양, 깔끔맨, 만능 지시약, 중화, 화학 공장

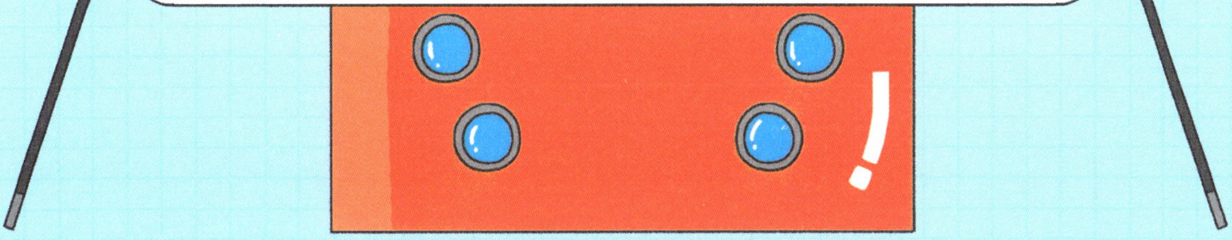

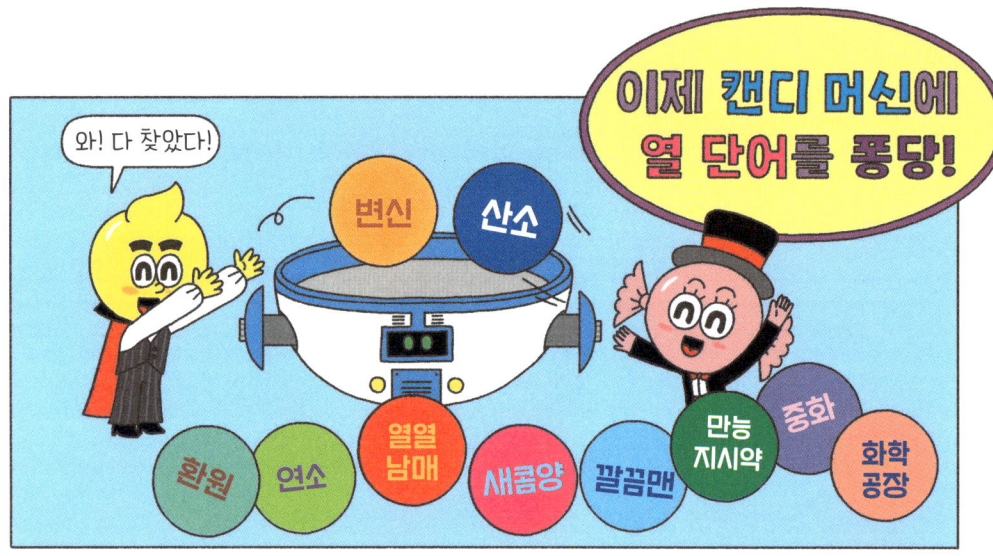

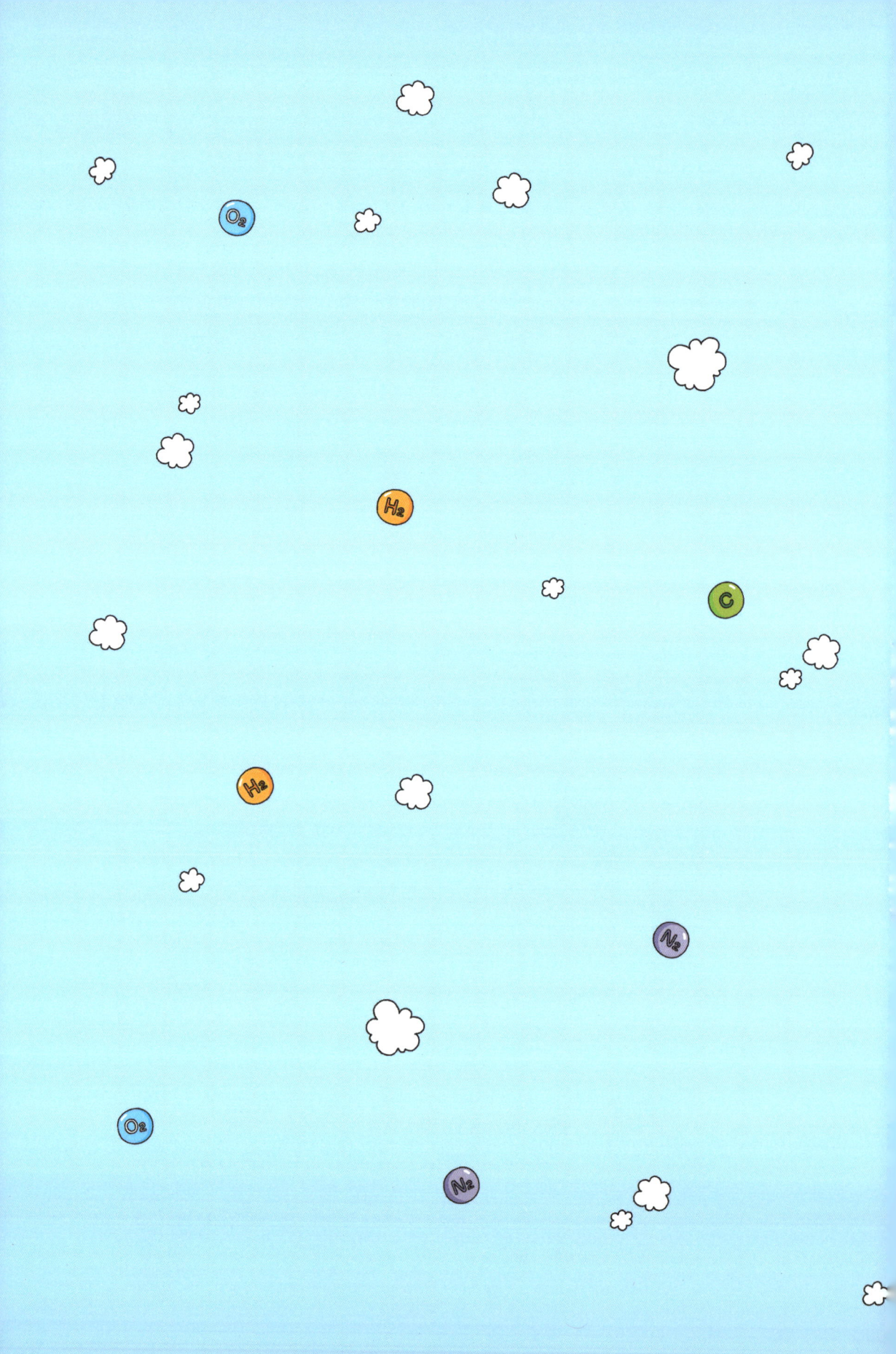